世界一流エンジニアの思考法

How World-Class Engineers Think

牛尾剛
Tsuyoshi Ushio

文藝春秋

はじめに

この本を手に取っていただいた皆さんはきっと、一流エンジニアたちの〝圧倒的なパフォーマンスを生む〟仕事術に関心があり、日々の仕事の生産性を爆上げしたいと思っていることだろう。

現在、私はアメリカのワシントン州シアトルで、シニアソフトウェアエンジニアとして、マイクロソフト社に勤務している。Azure Functionsチームに所属し、クラウドサービスの中身をつくっている。自分たちのつくったサービスを利用して世界中の人々がソフトウエアの基盤を開発しているが、一昔前の私からすると、自分がこのチームの一員として働けているのが夢のようだ。

正直にいうと、私は「一流エンジニア」ではない。

なにも謙遜しているわけでなく、ガチの「三流」だ。もちろん将来的には「一流」になれるように努力を重ねているが、すごく実力があってこのポジションを得たわけではなく、偶然と小さなチャレンジの積み重ねによってここにいる。

元来、私は、幼少の頃から何をやってもできない〝要領の悪い〟子供だった。とにかくパソコンが大好きで、シャープのポケコンやMZ-2500をいじっては、雑誌に載っているゲームのコードを丸写ししたりして遊んでいたが、何かに取り組むときは、人の3倍ぐらい努力してようやく「人並み」になれる程度だった。

とくに才能があるわけでもないのに子供の頃からずっとプログラマに憧れていた。日本で就職した最初の会社では、「UNIXのコマンドを担当したいです！」と意気込んだが、希望かなわず5年間営業職を務めた。あるときようやくシステムエンジニアとして働くチャンスを与えられたが、全くプログラムが書けない不甲斐ない日々が続く……。

実は大人になってからADHDと診断された私は、自分の不器用さや記憶力の低さ、頭の中で思考が乱れ飛んでまとまらず、ぐったり疲れてしまう感覚に、長年悩んでもいたのだ。だから、**どうやったら不得意なことでも効率よく人並みのことができるのか**、仕事の生産性を上げる方法を意識的に研究してきた。

そのおかげで、できる人だと構造的に見落としてしまうであろう部分――初心者はどこでつまずき、何に無駄な時間を使ってしまうのか、どうやってなるべく楽に「底上げ」してマシにするか、への感度が人一倍高まった。

そんな頼りない私でも、社会人経験を重ねるうちに、いくばくか才能を発揮できる分野があることを発見した。それはすべて「誰かにやってもらう仕事」だった。

２００１年頃、「アジャイル」（Agile）というソフトウェアの開発スピードを飛躍的に高める手法に出会って心底衝撃を受け、自分なりの武器がほしくてそのコミュニティに参加したりして徹底的に学んだ。そこで経験を積んでアジャイルのコーチをする中で、コンサルティングやプロジェクトマネジメント、エバンジェリスト（ＩＴのトレンドや技術についてわかりやすく説明し、啓蒙する職種）などの立場で「人にやってもらう」仕事を仕切ると成功することがわかった。マイクロソフトではエバンジェリストとして採用され、国際カンファレンスでの講演なども多数行って評価を受けてきた。

ところが、「自分が手を動かして何かをつくる仕事」はいまひとつうまくいかない。私の昔からの夢は「プログラマ」だったから、プログラマの仕事に何度もチャレンジした。そのたびに、「牛尾さんは、ＰＭ（プロジェクトマネージャ）だったら才能あるんだからそっちをやれば？」「なんで、エバンジェリストに特化しないの？」と言われてきた。

でも、本当に心からやりたい仕事は、ソフトウェアのクリエータである「プログラマ」なのだ。憧れの火が消えることはなかった。自分でも才能がないのはわかっているが、どうしてもなりたかったから、努力と工夫を重ねて44歳でマイクロソフトに転職し、４年前からは本場アメリカで、数少ない日本人のクラウドエンジニアとして今こうして働いている。

所属チームはグローバル規模のクラウドの中身を開発しているから、文字通り「世界一流」エンジニアたちばかりだ。彼らが楽しみながら、トップニュースになるようなサービスを次々と生み出していく姿に何度も衝撃を受けた。

なぜ彼らは圧倒的に仕事ができるのか？

実は、彼らはなにも全員が常人と比べて著しく頭の回転が速いわけでも、天才的記憶力を持つわけでもない。

主に**「思考法」（マインドセット）が高い生産性を形づくっている**のだ。小手先のテクニックでもなければTipsでもなく、その圧倒的なパフォーマンスは思考法から生まれているという事実。彼らと共に働いてこの本質を理解したとき、私の仕事のスタイルは激変し、文字通り「人生が変わった」。

日本ではろくに「プログラマ」として通用しなかった私が、**彼らの思考法を注意深く真似て実践することで、本場のアメリカで世界最高峰のドリームチームの一員として活躍することができている**。長年、自分はできないと思い込んでいた三流エンジニアに、奇跡が起きたのだ。

本書では、私がどうやって、一流エンジニアたちの思考法にもまれて、仕事の質と効率をテクニカルに高め、ソフトウェア開発の最前線で働いているか、現場で摑んだ技を皆さんにお伝えしていきたい。

エンジニアとして成功を目指している人はもちろん、私のように自分の要領の悪さにガッカリしている人、もっとできるようになりたい人、グローバルな市場で自分の値打ちを高めたい人の助けになればと思う。

ソフトウェア開発に限らず、世界から日本を見ると「生産性の悪さ」で〝大損〟している分野が非常に多い。それは単にＤＸ（デジタルトランスフォーメーション）化が遅れているといった次元の話ではなく、生産性の要となるマインドセット、チームビルディングにまだまだ大きな改善の余地があるのだ。

本書の裏テーマとして、日本でアジャイル、DevOpsをはじめとする最新技術やプロセスの導入を米国並みのスピードにしたいという思惑もある。ＡＩというゲームチェンジが本格化してきたこの時代、これは喫緊の課題とも言えるだろう。技術革新は待ってくれない。

とくにグローバル企業のスピード感で技術導入を目指すビジネスパーソンや企業にこそ、生産性を加速するための西洋文化のマインドセットを学んでほしい。

ツールは目まぐるしく変わり、超速で進化する。だが現場で使うのは人間なのだ。人間がテクノロジーとどう向き合い、どう使いこなすのかが問われている。

この本の核心にあるスキルは、〈AI時代を生き延びる思考法〉といってもいい。

本書の知見を体得して、日本人の強みを生かせれば、ソフトウェアの世界でもきっと日本は輝ける存在になると私は信じている。実例などに専門的な話題も多く出てくるが、業界・業種を問わず、考え方のエッセンスを生産性アップのヒントにしていただけたらと願っている。

少しでも皆さんが、自分自身の「夢」に近づけますように！

目次

第3章 脳に余裕を生む情報整理・記憶術
——ガチで才能のある同僚たちの極意

第4章 コミュニケーションの極意
——伝え方・聞き方・ディスカッション

第5章 生産性を高めるチームビルディング
――「サーバントリーダーシップ」「自己組織型チーム」へ

第6章
仕事と人生の質を高める生活習慣術
――「タイムボックス」制から身体づくりまで

第7章

AI時代をどう生き残るか？

――変化に即応する力と脱「批判文化」のすすめ

世界一流エンジニアの思考法

第1章

世界一流エンジニアは何が違うのだろう?

——生産性の高さの秘密

「生産性の高さ」の違い

私がマイクロソフトのAzure Functionsというクラウドサービスの開発チームに入ってまず驚いたことは、その圧倒的な「生産性の高さ」だった。**一部の優秀な人が突出して頑張っている様子ではなく、チーム全員のベーシックな生産性が異様に高い**。

開発の仕方において、日本のような「標準」ルールは存在せず、全員がコンピュータサイエンスの知識があることが前提になっているので、自分の頭で考えて行動し、判断していく体制だ。

マイクロソフトのクラウドサービスは、ポータルと呼ばれるWebサイトのアイコンをクリックして、名前を付けたりすると、簡単にプログラムの実行環境を手に入れることができる。昔だったらサーバーを手配するだけで半年かかっていたものが、今はサーバーレスでアプリケーション開発をしたり、Webサービスをつくることができるわけだ。

ユーザーから見たら、いとも簡単に見える「アイコン」であっても、その中身はものすごく複雑な「マイクロサービス」と呼ばれる小さなシステムの集合体だ。世界中の大企業が利用しているプラットフォームなので、この仕組みが止まってしまうと、各企業のシステムに甚大な影響が出る。だからとても信頼性を求められるシステムになっている。

２０２０年４月にチームに参加して初めて、GitHub（世界中の人々が自分のつくったプログラムコードやデザインデータなどを保存・公開できるソフトウェア開発のプラットフォーム）で公開されている部分は、氷山の一角にすぎず、その中に巨大で複雑な仕組みが構築されていることを知って驚いた。

Azure Functionsはそんな精巧なシステムにもかかわらず、毎日たくさんのエンジニアがものすごい勢いで、機能を追加したり、更新したり、バグの修正をしたりしている。私が以前勤務していた日本のSIer《エスアイヤー》（システムインテグレーター。システム開発や運用などを請け負う会社）では、今動いているシステムに対して大胆に機能を追加したり変更することは決してしなかったが、ここでは次々と変更していくのだ。

ふと同僚が言ってくれたことを思い出す。

「プロダクトチームに参加したら、１年は役に立たないと思っておくといいよ」

そのくらい中身が複雑で、変化のスピードが速い。そんな中で私は、周りと比べても実装が遅いほうだし、何をやっても不器用で時間がかかってしまう。自分の生産性をチームの水準にまで引き上げるのが喫緊の課題だったし、この**〝自分が何かをできるようになる〟感覚に乏しく、自己肯定感も低い**、というのは人生で解決したい問題ナンバーワンだった。

あるとき、同僚のポールと仕事をする機会に恵まれた。ポールはチームの初期からアーキテクチャ（情報システムの設計）をつくり上げてきたメンバーで、私が人生で出会った中でもっとも賢い男だ。何をやっても高速で丁寧、どんな問題が発生しても短時間で解決するその技術力はため息が出るほど素晴らしく、新しいアーキテクチャに関する論文をいくつも執筆している。

彼と仕事をし始めたとき、私のスキップマネージャ（2つ上の上司）が「世界一流のエンジニアと仕事できてうれしいだろ?」と誇らしげに声をかけてきた。自分は「もちろん」と即答したが、それほどまでに彼は社内評価も高いエンジニアなのだ。

ポールは私より頭の回転も速いし、記憶力も抜群に良かったが、同時にこう確信した。

「彼は人生で自分が会った中でもっとも賢い人だけど、それでも、自分と比べてとても追いつけないほど脳みその性能が違うわけではない」

衝撃を受けつつも、私でも真似のできた、彼の思考回路をたどっていこう。

トップエンジニアの衝撃的な解決法

ある日、私のプログラムが上手く動かないときがあった。もちろんこれを自力で直しても良いのだが、今までの経験からすると、原因究明に何時間、もしくは何日かかかるだろう。

ポールだったらどういう風に思考するのだろうと思って、**「ペアプログラミング」**をお願いすることにした。ペアプログラミングというのは、2人1組で1台のPCを共有し、一緒にプログラミングする手法で、互いの技術を学んだり、コードのコンテキスト(背景)を理解・共有するのにもすごく有効だ。私はポールに言った。

「私のプログラムで問題が起きている。私はいつも生産性がよくないので、何か悪い癖があると思うんだ。君だったらどうやるのかを学びたいと思っているから、ペアプログラミングをしてくれないか?」

「君が何を求めているのかはわからないけど、いいよ」

そうしてセッションは始まった。

私は自分のプログラムに問題があることを示す「ログ」を表示していた。ログとは、プログラムが内部でどのように動いているかを示す記録だ。それを見ることでプログラムが正しく動いているのか、問題が発生しているのかをチェックすることができる。

普段の私なら、ログで問題を見つけたら、「ここが原因かもしれない」「いや、あそこの不具合だろうか」と試行錯誤をする場面だ。あたりをつけて修正して、プログラムをサーバーに移動させて、動かして、またログを見る。ログは反映されるまでに15分くらいかかるから、いくつか試すのもかなり時間がかかる。

ところが、ポールがとった行動は、私と真逆のアプローチだった。彼は**最初の一つのログだけを見て「仮説」を立て始めた。手は一切動かさない**。

「このログが出ているということは、自分の推測では、内部でこういうことが起こっている可能性が非常に高い。そこを鑑みると、調べるべきは……」とぶつぶつと独り言をいいながら、データベースを閲覧するソフトを起動し、クエリ（システムへの命令文）を一つだけ書いてこう言った。

「ここだろう」

なんとそのクエリの結果は、私のプログラムの問題の根本原因をズバリ指し示すものだった。彼が手を動かしたのはその一回きりだ。

自分だったらああでもない、こうでもないといろいろクエリしたりコードを見たりして数時間かかる問題を一瞬で魔法のように解いてみせたのだ。

私は雷に打たれたような気分だった。恐ろしいことに、そのコードベースに関して、彼

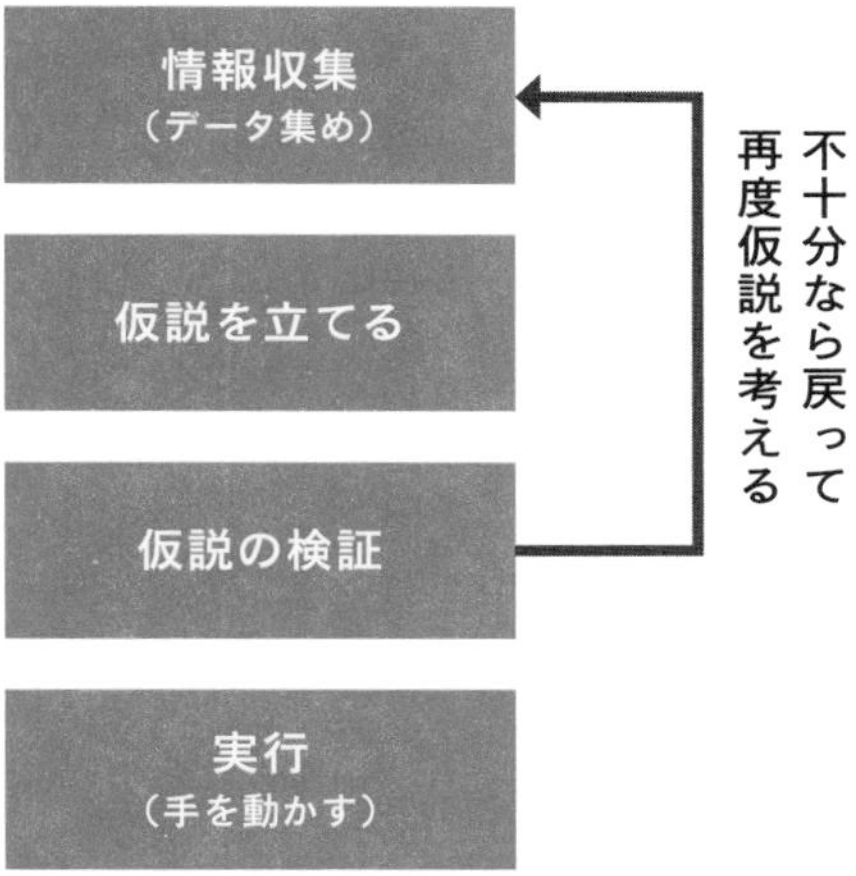

図1　手を動かす前に仮説を検証する

は経験がほとんどない。そのプログラムが書かれたサービスのコードは、むしろ私のほうが知っている。

ソフトウェアの世界では、できるプログラマとできないプログラマの差は25倍あると言われているが、こういうことなのだと実感できる出来事だった。ただ、彼は人間に不可能なことを実行したわけではない。同僚のバーラが言っていたことを思い出した。

「障害を調査するとき、いきなり手を動かして、試行錯誤していろいろクエリを投げてはダメなんだ。ログを見て、自分で多分こういうことが起こっていると推測して、その推測に合ったクエリを投げてそれを証明するんだよ」

いきなり手を動かさない。まずは、**事実（データ）を一つ見つける→いくつかの仮説を立てる→その仮説を証明するための行動をとる**。

つまり、むやみやたらに試行錯誤するのではなく、まず自分の頭のメンタルモデルを使って仮説を立て証明する。メンタルモデルの構築については後ほど詳述するが、この一連の手順が、手当たり次第に可能性を試すことによる時間のロスを排除し、圧倒的な効率を生んでいるのだ。

プログラミングの生産性というのは「頭脳労働」であるということを実感した瞬間だった。頭の使い方によって、生産性が天地ほど違うというのはこういうことなのだろう。

試行錯誤は「悪」である

日本では、まず自分の力で試行錯誤することが尊ばれるし、まわりからも評価される。だが、ＩＴ技術者には試行錯誤がとても良くないのである。もう一つ例を挙げよう。

あるとき日本に一時帰国中に作業していると、ログを管理するプラットフォームで、ログファイルを見ると完全に正常に動いているようにしか見えないのにクラウドのポータル（最初に表示されるＷｅｂサイト）のほうには、遠隔からのデータ（テレメトリ）が来ていないという奇妙な現象が生じた。

チームのメンバーにTeamsで画面共有をして、「ほら、出ないでしょ?」と見せると、なぜかそのときはテレメトリがポータルに来ている。その後自分で何回試してもやっぱり出ない。もう一回別のメンバーに助けを求めるチャットを書いて「Fiddler（ネットワークのモニタリングを行うツール）使って分析したらいいんじゃね?」とアドバイスをもらった瞬間にポータルを見ると、今回だけテレメトリが出ているというまるで呪いのような症状だ。

そこで私は、いろいろと試行錯誤した。パケットがたくさん送られたときにカットされてしまうのが原因か、ポータル側でフィルターがかかったのか等、様々なアイデアが錯綜する。スクリプト（簡易的なプログラミング言語）を改造したり、ログ出力をファイルのみにしてみたり、スクリプトの実行パターンを数個だけにしたり……私は各パターンを試して問題解決をはかろうとした。

だが、丸一日つぶしたあげく、これらの**試行錯誤はすべて失敗に終わった**。ふと、チームの一人が「ちゃんとデータは出ているよ」と説明してくれたことが脳裏によぎった。そう言えば、彼女は、スクリプトを使わず手動でテストしていた。

自分も試しにスクリプトを使わず、手動で実施してみた。すると完璧に動作した。

問題は「スクリプト」だったのだ!　そこから意味不明の挙動の正体を特定し、問題を完全に解決した。

問題は解決できた。一日以上使ってやっと。

しかも振り返ってみれば、丸一日かけたのに、私は「何も成長していない」のだ。**単にかかる上、新しい知識を何も学んでいない**。**思いつきでいろいろなパターンを試して正解を探しているだけなので、とても時間がか**
まったく同じ状況で、同じ問題が起こったら、メモをとっておけば、次回の解決に役立つだろうが、問題が少しでも違えばお手上げだ。似たような問題が生じれば、また同じだけ時間を使ってしまうことも十分あり得るのが残念すぎる。

プログラマとして問題を一瞬で解決する達人のトラスクが、私にアドバイスしたのは、**試行錯誤するのではなく「Fiddlerで分析したら?」**だった。

Fiddlerを使えば、Application Insightsからどういうデータが出ているかはチェックできる。私はそれをどうやって適用するのかがわからず、どうにもならなくなったらやろうと考えて、最後にとっておいたのだ。

私のとるべき行動は、まずFiddlerでモニタリングすることだった。Fiddlerを見たら、WSL2側からテレメトリが来ていないことが一発でわかったはずだ。

もしもそのルートを選んでいれば、問題の原因にかなり早くたどり着けただけでなく、

「FiddlerをWSL2と一緒に使う」やり方を試すこともできた。つまり、特定の状況に限定されず、様々なケースで使えるツールの使い方を学ぶ機会となり、「未来の生産性」が向上したはずなのだ。

思いつきによる試行錯誤は「悪」なのだということを、身をもって実感した出来事だった。

頭がよくても「理解」には時間がかかる

〈手を先に動かさない。まず仮説を立て、アプローチを選定してから動く〉――この鉄則を踏まえたうえで、何にでも応用可能な「未来の生産性」につながる本質的な頭の使い方について考えていこう。

ある若い同僚2人（まだキャリアこそ短いが非常に優秀で抜群に頭がいい）とランチをしたさい、新しいプロジェクトに取り組むときの話になった。

チームのアーキテクチャは非常に複雑なので、各マイクロサービスごとに誰かがつくった内部用のビデオが存在し、シリーズとして各項目を勉強できるようになっている。そんな複雑なアーキテクチャを把握している彼らのやり方に、私は興味があったのだ。

「いやぁ、ビデオを見ても難しいので10回は見てるね。何回も見直して、わからないところはポーズしてメモして見てます」

もう一人の同僚も「やっぱそうなるよね。自分も何回も何回も見た」と言う。

技術イケメン2人の同じコメントは、目からウロコだった。

普段私は、難しいから1回見ても理解できないし、あまり頭に入ってこないので、実行したり、デバッグ（ソフトウェアを実際に動かして内部の状態を見る作業）して、ちょっとずつ理解していくステップをとっている。賢い人はああいう教材を見て一発で理解できてうらやましいなぁと思っていたが、全く違った。

どんなに頭がいい人でも理解には時間がかかるものなのだ。頭のいい人が理解が早いように見えるのは、そうやって時間をかけて基礎を積み重ねているので、既に理解していることに関して頭のメモリにコンテキスト（文脈）が載っているからだ。

私は、理解というものは最初から完璧にはできなくて徐々に身についていくイメージを持っていた。しかも、私は「とにかく生産性を上げなければ」「どうやったら早くできるだろう」と常に焦燥感にかられ、アウトカム（成果）を出すことに集中してきた。

しかし、皮肉なことに**「早くできるように頑張る」ということが最終的な生産性をむしろ下げていた**ように思う。

プログラミングを例にいえば、Stack Overflow（プログラミング技術に関するコミュニティサイト）で調べて、コピペに近いことをしたほうが「成果」は出る。しかしそんなやり方では毎回調べることになるし、根本を把握していないからトラブルに弱く、結局は効率が悪い。今だと、Bingなり、ChatGPTに聞くとソリューションを教えてくれるだろう。だが、「理解」して「実践可能」にしていればそんなことすらする必要はない。

理解が十分でないまま手を動かして努力しても、空回りになるだけで身につかず、あやふやの試行錯誤は取り組んだことも忘れやすく頭に残らない。

「何かを早くできるように急ぐ努力」がかえって本質的な理解を遠ざけてしまうのだ。

「理解に時間をかける」を実践する

そもそも学習における「理解」とはなんだろう。様々なレイヤーがあるが、私の考える〈理解の3要素〉とは次のようなものだ。

・その構造をつかんで、人に説明できること。
・いつでもどこでも即座に取り出して使えること。

・知見を踏まえて応用がきくこと。

あるマイクロサービスを理解するとき、表面的にではなく、構造としてこういう仕組みで成り立っているからこのサービスが可能だ、という本質をつかんでいると、シンプルにも詳しくも人にわかりやすく説明ができる。他の業界でいうと、ようはこういうサービスですよと、別の角度から解釈したり、例え話で提示することもできる。

基本的な構造から把握した知識は、参考書を見たりググったりせずとも、いつでもどこでも即座に使えて、応用範囲が広い。似た課題における問題解決はもちろん、複雑な難題も因数分解して、ここにこのサービスを組み合わせれば構築できるのではないか等、新しいものを生み出すこともできる。

具体的に説明しよう。

ある研究プロジェクトに参加したさい、現状のアーキテクチャを理解し、新しいアーキテクチャのPoC（Proof of Concept：概念実証）をすることが求められた。無論、私は一生懸命コードリーディングして、大体の構造や振る舞いは「理解してるつもり」だった。

だが、そのコードを読んだことのない技術イケメンとアーキテクチャのディスカッションをしたさい、私が答えられない質問がけっこうあって、一緒にコードを読もうという流

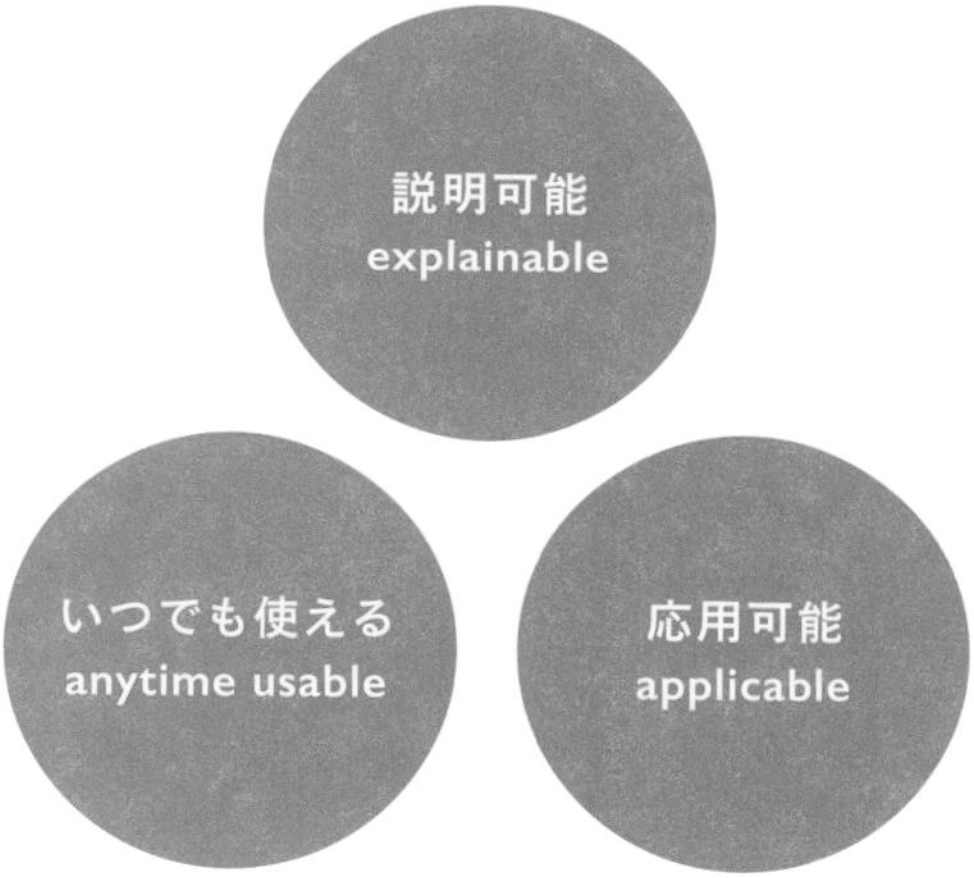

図2　理解の3要素

れになった。

彼は私よりずっとコードを読んで理解するスピードが速いはずなのに、**「ここはだいたいこんな雰囲気だよね？」と読み飛ばせそうなところでも、丁寧に時間をかけ、サンプルの数値を書き、十分な理解に努めている**様子だった。その後ディスカッションに戻ると、彼は正確にアーキテクチャを理解しアイデアをたくさん出してくれた。

私はコードを読むのが遅いので速くすることばかり考えていたが、彼はコードのロジックを読むのではなく、**コードの意図とその背後のアーキテクチャを理解する**ために読み込んでいた。理解にしっかりと時間をかけるのを恐れないのだ。

振り返ると、自分のプログラミングは、

シンプルなコードなら「簡単だ。すぐできる」と思い込んでいた。実際プログラムは書けるが、深く理解していないから毎度Googleでサーチして、「こんな感じ」かなとコーディングする。一応ものはできるが、覚えていないから次回も調べることの繰り返しだった。言ってみれば、Googleプログラマだ。

同僚はみな、ややこしい構造でもすぐ理解できて、まるでピアノを弾くようにコーディングしている。彼らのコードレビューをするときに、もっとこうしたほうがいいよと感じることもあるが、私は彼らより「時間はかかるけど、やろうと思ったら誰でもできる基礎」ができていないのだ。

余談だが、私が長年趣味で続けているギターでも同様の気づきがあった。何十年も好きで練習しているのに〝弾ける感〟が全くなかったのだが、バークリー音楽大学で一流ミュージシャンたちにギターを教えているトップギタリスト、トモ藤田はうまくギターが弾けていない人の癖について、レッスン動画でこう言ったのだ。

「リズムが詳しくわかっていないので、なんとなくできているだけ」

そこで彼が勧めた練習は、多くのギター教本に載っている王道の方法だ。ギターを置いて、両手をつかって、アクセントをつけながら、ものすごくゆっくりのテンポから、三連符の頭、真ん中、お尻、それぞれにアクセントをつけて手を叩くこと。

「あぁ、これだぁ！」と衝撃的な感覚を感じた。

これはギターを弾いたことのある人なら誰でも知っている練習方法で、私もちょっとやって「ああ、できるわ」と思ってきちんと取り組んだことがなかった。しかし、改めてやってみるとテンポ40でも正確にやるのは意外に難しい。

自分は速く弾くことはできる。でも、リズムがちゃんととれていないから、簡単なストロークでも、気持ちいい演奏ができない。つまり、誰もが知っている「基礎」が身についていなかった。そして、**「基礎」練習は「誰でもできる」ことだが、習得には「時間がかかる」**ものなのだ。

「ゆっくりしたテンポから、メトロノームで練習する」――この基礎に立ち返ることで長年の悩みだった〝弾けてる感じがしない〟感覚が次第に解決されていくのを感じた。

複雑な技術をコントロールできている感覚を得る

基礎的なことに時間をかけて理解する大切さは、プログラミングでもまったく同様だった。あやふやな理解のままGoogleサーチして書くなんて、リズムも正確にとれずに勢いでかき鳴らすギター演奏のようなものだ。

この気づきを得てからは、「実際にコードに触れないとわからないよね?」といった手を先に動かす悪習慣を捨て、プログラミングを基礎からやり直す三つの作戦を実行した。

・定時後や週末に、プログラミングの基礎を学ぶ。
・C#の言語仕様を勉強する。
・LeetCode（コーディング面接の準備のための学習サイト）を一番簡単なレベルから毎日やる。

一日は誰もが24時間だから、有限のリソースの割当を変え、プログラミング学習を最優先することにした。同じ毎日を送っていても自分の「プログラミングが遅い、精緻ではない」という問題の解決にならないので、仕事中ではなく、フリーの時間に「誰でも知っている方法で、プログラミングを0から勉強しなおす」作戦を決行したのだ。

自分が今、C#のプログラミングを全く知らないとすると、何から始めるだろう? おそらく、チュートリアルからスタートして、データ型、キーワード、クラスなど誰でも知っていることを勉強していくだろう。

だから**初歩の学習を「簡単だ」と馬鹿にせず、本当に一からやり直してみた。**

すると、自分がふわっとわかっているけど、ちゃんと理解していなかったり「即座にコーディングできない」ことがたくさん見つかった。

そこであわてず、急がず、期待せず、ギターの基礎練習のようなつもりで、一つひとつ丁寧に読んで、コードを書くようにした。

また、以前コーディングインタビュー（制限時間内に小さなプログラミング問題を解かせる面接試験）を受けたときに半年ぐらいかけて準備したLeetCodeも、もっとも簡単なビギナーコースから始めた。

以前は、試験突破のためだったので、受験勉強のような感じで「できればいい」というノリだったが、今は1問に時間をかけて「できた。じゃあ、別のやり方で同じことしたらどうなるかな?」とか考えながら複数の解法で解いたり、メモリや速度の違いを見たりしている。簡単なことからやっていると、とても楽しい。

業務内では、説明のビデオを見て理解できない箇所があれば、時間をかけて理解してから進むように心がけた。メール一つ読むのでも、英文は読み飛ばし癖がついていたが、時間をかけてゆっくり理解して読むようにしてみた。

すると、普段よりドキュメントやメールに時間をかけても、時計を見ると思ったより時間が経っていない。しかも体感では、技術やコンテキストがかつてないほどクリアに理解できている。何か特別な努力をしたわけでもないのに。

ミーティングに出るときも、普段なら理解をあきらめて自分のパートだけでもなんとか対応する感じだったのが、「理解しよう」という意識を持つことで、わからない英単語を聞いたらその場で調べるようになったし、わからなかったら聞き直すようになった。同僚をみならって、会議の間にわからなければレコーディングし、ＡＩで生成されたスクリプトを時間をかけて見直し、理解するように努めた。

「理解は時間がかかるもの」として、急がず、徹底的に理解する習慣をつけていくと、自分の人生でかつて経験したことがないことが起こった。以前はメモを取りまくっていたコードリーディングもゆっくり理解することで１００％挙動が理解できているし、その確信がある。

デバッグ（プログラムのバグ取り作業）のときも少ないログをゆっくり観察して、従来読み飛ばしていたようなログの他の項目も見ることで、**圧倒的に試行錯誤が減って問題を一直線に解決できるようになってきた**のだ。

「感覚」で判断せずファクトを積み重ねる

「理解するとは何か」がはっきり見えてくると、次に、コーディングのさいいかに「感覚」による決めつけを避けるかという課題が浮き彫りになってきた。

具体的に説明していこう。

あるコーディングのタスクで、いろいろ調べて試して調査し、数パターンのきっちり動くソリューションを2週間ほどでつくったことがあった。チーム内からレビューをもらって、すべてのコメントに対応し、あとはマージする(ソフトウエアのコードベースに統合する)だけと思っていた矢先のことだった。

ある技術イケメンがやってきて、「すごく悪いんだけど……、君のソリューションより、シンプルなのを思いついたからやってみたよ」と言う。なんと、私が最初に試してもうまくいかなかったアイデアでスマートに動いているのだ。

内心ショックを受けたが、アジャイル(52頁コラム参照)を学んだ身からすると、シンプルなソリューションのほうが良いことはわかっているし、ある意味**「コードを捨て去る勇気」も大事だ**。己の実力不足にがっかりしつつ、彼がコミットしたものに多少の設定を加えてテストと修正を行い、タスクを完了した。

そもそも何が問題だったのだろう。彼は既存のコードを大胆に改造することで解決したが、そのほうが圧倒的にシンプルだ。

実は、私も彼と同じソリューションを一番最初に試していたのだが、サンプルを書いて検証したのにできなかった。

「アイデア1で検証プログラムをローカルで動かす動作をした」→「本番に実装。自分の環境で試してみる。動くと思ったのに全然動いてない！」→「よって、アイデア2の少し複雑な実装」というわけだ。

何が問題だったかというと、1の方法は正しかったのに、単にその後実行した子プロセスが干渉する問題のせいでそのときは動かなかった。なのに私は、「ああ、この方法ではうまくいかない」と思い込んでしまったのだ。

試してうまくいかなかったとき、ログを分析しファクトを積み重ねて原因を特定していれば、問題の要因にすぐ気づいただろう。自分は全体を俯瞰してさっと考えるのが得意なので、途中計算を省略するきらいがあるが、**「感覚」でこれが問題だろうと決めつけてしまったのが今回のミスで、あくまでファクトを積み重ねるべきだった**のだ。

あるとき社内でこんなアドバイスをくれた人がいた。

「お客さんの言っていることは聞くけど、信用せずファクトを検証していくのがいいよ」対クライアントの場面でも、相手もまた人間なのだから間違う可能性はある。だから、書いてあることも読むけど、**自分でログなどを検証して問題解決をするようにしないと「思い込み」の穴に落ちてしまう**。それによって問題発見が遅れれば、結果的にお客さんを待たせることになってしまう。

もう一つの学びは、技術イケメンの彼は、既存のプログラムにガッツリ変更を入れてシンプルなソリューションにした。私の思考回路では、プラットフォームに対して自分が大きく変更を加えるという発想がなかった。外から使うユーザー的な感覚がまだ抜けていないのかもしれない。

中の人としてプラットフォームをつくるのが仕事なのだから、大胆に変えてもほかの場所の振る舞いが変わらずソリューションとしてシンプルなら、そのほうがより価値が高いと言える。

小さなドキュメントをコードの前に書く

手を動かす前に理解を深めるもう一つの強力な方法として、デザインドキュメント（Design

document）を最初に書く、というコツがある。私が日本でソフトウェア開発をしていた頃は、キングファイル何冊にもなるような「設計書」を書くことが多かったが、そうではなく、ワード数ページぐらいで設計のアイデアと大まかな仕様を書いた、すごく小さなドキュメントだ。

これは、私のメンターであるクリスから、「できるプログラマは、みんなやってるよ。もちろんたくさんじゃなくて、ワードで数枚程度のものでいいから」と勧められた方法だ。

アジャイル育ちの自分はそういう発想がなく、デザインはホワイトボードみたいなもので詳細はＴＤＤ（テスト駆動開発、ソフトウェアでテストを先に書きながら、本体を実装し設計を洗練させる開発方法）を回しながらというのが昔は多かったのだが、最新の開発現場ではうまく回らないことに気づいていた。

ドキュメントは、簡潔かつ必要十分なものがカバーされているものがよい。私の部署では、一つのコードベースを永遠にメンテするというより、定期的に他の人にコードの所有権を渡す機会がある。そうなると引き継ぎが大変なので、ドキュメントをうまいこと書いて楽できないかと考えていた頃だった。

「ドキュメントはコードを書く前に書くんだ。だって、コード書いた後にドキュメントだけ書くなんて退屈だろ?」

そうクリスに言われてショックを受けた。だってアジャイルでドキュメントをどうこうするのは大抵後で必要なときにやるものだったから。クリスはさらに、デザインドキュメントを書くのは、次の二つの利点があると説明してくれた。

・ドキュメントを書くことで自分の頭が整理される。抜け落ちていた視点などに気づくことができる。
・考えているときに書けば、自動的に〝ドキュメント〟になるので、それをシェアするだけですむ。後でまとめて退屈なドキュメントを書かなくてよい。

確かにコードを書く前であれば、設定値の名前をどうしようとか、どういう振る舞いにしようかとか考えるのは退屈ではない。

現在のように、ものすごく不確実性の高い環境では、クラウドのプラットフォームでは「世界でまだ誰も解いていない」問題を解くことが迫られる。やや補足的な話だが、ソフトウェアの世界では、いわゆるウォーターフォール・モデル（要件定義に沿って上流工程から下流工程へ順に遂行していく開発手法）時代にやっていた、長い時間分析、設計をするUp Front Design（先読みをしすぎた設計）はもう役立たないとずっと言われてきた。だが、そ

Azure Functions XXX redesign
Author Tsuyoshi Ushio
Created May 2022
Last Update June 2022
Scope
Background
Problem Statement
Proposal
Scope
このデザインドキュメントの範囲を書く
Background
なぜこのプロポーザルを行っているかという背景を書く
Problem Statement
解決したい問題を書く
Proposal
どういうデザインにするか、またその選択肢を選んだ理由をロジカルに書く分量は、2〜10ページぐらいの簡潔なものにする。著者のチームではWordがオンラインでシェアされているので、誰でも編集やコメント付けが可能

※フォーマットは一例。
プロジェクトによって項目も多少異なる

図3　デザインドキュメントの例

れが一周まわって、デザインドキュメントを先に書く手法が見直されているのは興味深い。ただし一周まわっているので、ちょっと雰囲気が違う。デザインドキュメントはとても簡潔で（数ページ）、コードと行き来もする（既存のコードなどを見て試さないとわからないことも多い）。その小さなコントロール可能なものをアップデートする。だから何カ月もかけてデザインするようなことはなく、もっと軽快なものだ。

従来型のUp Front Designとの大きな違いは、これがプログラマのためのものだということだ。第三者のステークホルダーのために書いているのではなく、自分がいいソフトウエアを書くうえで、理解して、効率よく開発するためにやっていることであって、誰かのためのものではない。

頭の中に「メンタルモデル」をつくる

エキスパートに気軽にものを聞ける文化は、生産性向上のための重要なファクターだ。社内では一緒に働いている人に、自分へのフィードバックをお願いすることができるが、技術イケメンのジョンにフィードバックをお願いしたらこんな言葉が返ってきた。

「自分や、ドメインエキスパートに対して質問するのを恐れないように！ **エンジニアが**

より賢くなるのはチームの幸せにつながるよ」

　どれぐらいのタイミングで質問に答えてくれるかは人によって様々だが、ジョンは大抵ものすごく早く丁寧な回答をしてくれる。困ったときによく彼に質問をしていたが、彼からするとまだまだ自分は遠慮しているらしい。

　今まで私は、ある程度調べて考えたうえで、ブロックされた場合に人に聞くという行動様式をとっていた。人に安易に聞くことへの日本人特有の抵抗感があったのかもしれない。でもこのやり方は、今から振り返るとチームの生産性の面ではあまり良くなかったようだ。よく考えてみれば、私たちがやっているような巨大なシステムの場合、一人の頭だけで簡単に理解できるものではない。いろいろなマイクロサービスが複雑に絡み合っているので、それらを全部知っている人など存在しない。

　しかし同僚たちは驚くほど細かいところまで仕組みを把握し、記憶している。スキップマネージャのアニルーダに「どうしてそんなに多くのことを把握できるのか?」と尋ねたら、彼は「メンタルモデルをつくるとそれができるようになる」と教えてくれた。そして勧められたのが、ガブリエル・ワインバーグ著『超一流が実践する思考法を世界中から集めて一冊にまとめてみた。』（SBクリエイティブ）だ。本書では、世界中のいろいろな分野から集められた思考のフレームワークが紹介されている。

メンタルモデルとは、人々が世界を理解し、予測し、解釈し、新しい状況に適用するための、自己の心の中のイメージや理論のことだ。チームメイトは「メンタルモデル」という言葉を頻繁に使うが、頭の中で素早く情報処理をするために、何らかの脳内イメージをもっていることが非常に有効なのだ。

例えばMVP（Minimum Viable Product 実用最小限の試作品）はソフトウェアの世界では常識的な考え方だが、どんなに最良のものと思ってつくっていても試作品を世に送り出してフィードバックを受け取ってから改良を重ねる必要がある。だからそれまでは絶対に製品をつくりこまずに実用最小限のレベルに抑えた試作品にしておくべき、という考え方だ。

そうしたフレームワークは、自分の思考の偏りをなくしたり、幅を広げるきっかけになるだろう。

私の場合、**「システム思考」**というフレームワークを独自にアレンジしたものを採用している。つまり、ソフトウェアのアーキテクチャ、クラスの構造、ソフトウェアのどういったパーツがどこにあるか、システム全体を先に把握してから、部分の状況や相互作用を考慮に入れていく。全体の関係性、フローをビジュアル図としてイメージし、各パートの関係性をあてはめていく思考法だ（図4参照）。

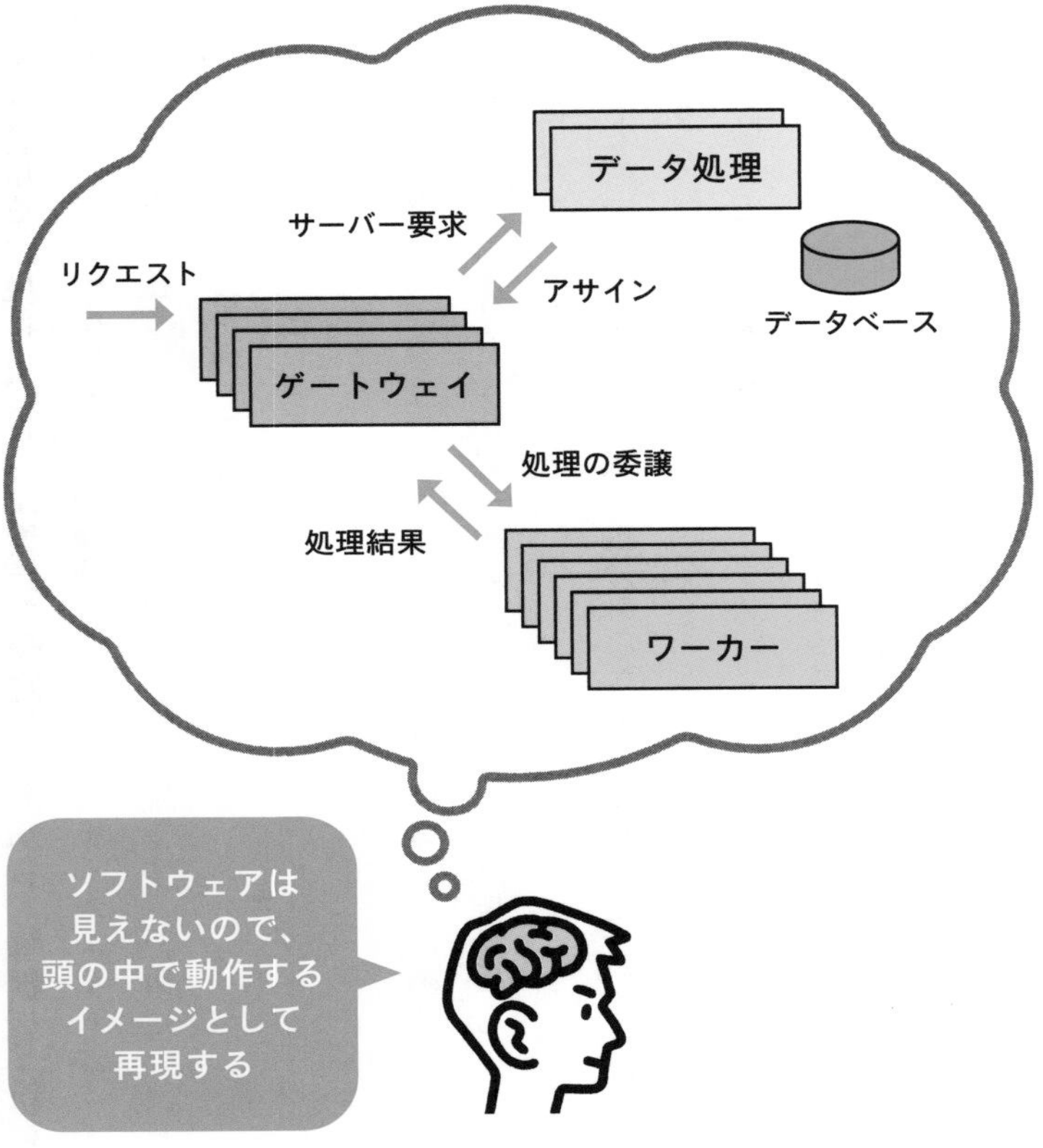

コードやアーキテクチャを学んで、
「どういう状況でどのように動作するのか」という
シミュレーションができるよう
脳内でイメージを構築しておく

図4　牛尾流「システム思考」のイメージ

もともとは、新しいコードベースに挑戦するとき、変更や機能追加する限られた範囲を理解するために1週間以上費やしていた。知らなかったことを調べ、コンテキストを理解するには時間がかかる。ところが、一旦そういったものが頭に入ってシステム思考ができると、脳内でソフトウェアの動作イメージを素早くクリアに構築できるようになった。つまり、一番大変なのは、頭の中に「メンタルモデル」をつくる行為だ。

これがあると、問題が発生したときでも、頭にソフトウェアの動作イメージを思い浮かべて、どこでなぜ問題が起こったのかを想像しやすくなり、ソフトウェアの追加や新規作成も劇的にスピードアップするのだ。

紹介したのは、私がソフトウェアを開発・保守するときのイメージ法だが、あるいは「なぜなぜ分析」という方法を聞いたことがないだろうか？　これはトヨタの生産現場から生まれたもので、問題を発見したら「なぜ」を5回繰り返して、根本原因をあぶり出していく手法として有名だ。

自分の業種・業態に合った思考の枠組みを学んだり、経験したりして、自分なりの脳内イメージをつくり上げることができれば、**頭の中で考えを整理したり、問題発見に至るプロセスが大幅に高速化する**。「メンタルモデル」は固定的な型があるというよりは、本当に人それぞれだ。ここで挙げた例を参考に、自分の仕事に特化した形でアレンジし、思考の枠組みを時間をかけて練り上げるとよい。ホワイトカラーの仕事の場合、仕事の9割は考えることなので、この効果は相当に高いだろう。

まずエキスパートに頼る

私がメンタルモデルを構築するにあたっては、ジョンのアドバイスどおり、わからないことをエキスパートに聞くのがもっとも速くて合理的だった。

あるとき、自分が未経験の部分に関してのコード変更の必要性が生じた。いつもだったら、ある程度リポジトリ（プログラムの保管場所）を自分なりに読んでみて、ドキュメントを探すところだが、速攻でエキスパートに聞いてみた。

「この部分をこう変えたいんだけど、Pull Requestとかない?」

Pull Requestとは、自分が書いたコードを誰かがレビューして、それが承認されたらその変更分が統合される仕組みのことだが、私は回答を待っている間、全く別のタスクを進めていた。自分のマネージャのプラグナから「知らないことで時間を2時間以上使ったりブロックされた場合は、それをボックスに入れて、また後で取り出すようにしたらいいよ」と言われていたから。

つまり、**一つのことで2時間以上ブロックされたなら、質問するなり相談するなりして寝かせておいて、他の仕事をやっておく方が断然生産性が高い**。

今までだったら、回答を待つ間、その作業のためのコード調査などをしていたところだが、自分でやっても無駄と考え、エキスパートの助言が来るまで他の作業をやっていた。数時間後に、エキスパートのグレナが回答をくれた。過去の似たPull Requestを送ってくれただけではなく、この変更をする場合は、こういう場面に注意してというパーフェクトなアドバイスまでつけて。

もし、これを自分で試行錯誤していたらどうだっただろう？　そのコードにたどり着くまで相当時間がかかるし、最初から適切な変更ができたかわからない。

結局私は、非常に有効なアドバイスのおかげで、全く知らない部分だったが2～3時間でPull Requestをつくることができた。きちんと理解しながらやっているので、この種の変更に対する「メンタルモデル」も形成された。

とくに**既存システムがある場合は、あれこれ考えて調べる前に、まず「エキスパートに頼る」というのはベストプラクティス**だと思う。

日本は、「ググれ、カス」という言葉があるぐらい、自分で調べてから人に聞くべきという文化だが、少なくとも私のやっているクラウドの中身をつくるような複雑なシステムの場合、どう考えても全体的効率が悪い。

仕事のパフォーマンスを上げるには、いかに「無駄なこと」をしないかに尽きる。エキスパートから情報がシェアされ、そのレベルから理解するフェーズに入れば、しっかりと肝心なことにフォーカスができる。

「偉大な習慣を身につけたプログラマ」になる

本章で伝えてきたことは特殊なスキルではない。誰もがアクセスできる基礎は、じっくりと時間をかければ、深く理解できる。やろうと思えばすぐにできるシンプルなことだ。

長年、私はどうやったら自分の「できない感」から脱却できるか、ずっと解答を探し続けてきた。ソフトウェア業界にいて、同僚たちと比べて自分は頭が悪いと思っていたし、どんなに努力して時間とお金をつぎ込んでも、なかなか「できる」感覚が得られなかった。「仕事をコントロールできている」手応えもなかった。

だが、不全感をつくり出していた根本的な要因は、頭ではなく「思考の習慣」にあった。プログラミングもギターも、「早く成果が欲しくて」、目先の結果を求めて頑張ってはかえってできなくなっていたのだ。

どんな人も、最初は難しく、理解には時間がかかるという真実――その本質的な気づきは、最後のワンピースとなって、私が人生で心から欲しかったものを与えてくれた。自分が仕事をコントロールできているという感覚、何かわからないことがあっても「自分ならやれる」と思える感覚だ。半世紀以上あがいて求め続けてきたものが、アメリカで手に入るとは思いもよらなかった。

好ましい変化はプログラミング技術以外にも訪れた。私生活においても「頭が悪いから仕方がないか」といろいろな理解をあきらめていた。でも時間をかけて理解する習慣が身についたことで、人生の様々な小さなことを「コントロールできている」感を得ることができ、「自分ならできる」という安心感も生まれてきた。

結局のところ、シンプルな日々の積み重ねが一番強い。

eXtreme Programmingを開発した、かのケント・ベックは言った。

「私は偉大なプログラマではなく、偉大な習慣を身につけたプログラマだ」と。

COLUMN

アジャイルとは何か?

アジャイル(agile)とはソフトウェアの開発手法のことで、「素早い」「機敏な」という英単語が示す通り、「計画に従うよりも変化に対応する」「プロセスとツールよりも個人とのコミュニケーション」「包括的なドキュメントよりも動作するソフトウェアを重視する」考え方からなる。

ソフトウェアを機能ごとに小さく分割し、優先順位の高いものから「要件定義・設計・実装・テスト→リリース」を行き来しながら、一つのサイクルを短いスパンで頻繁に行うのが特徴だ。

2001年、17人のソフトウェア開発の専門家が、より良い開発方法を模索するために集まって「アジャイル・ソフトウェア開発宣言」を作成したことに始まるこの手法は、当時よく使われていたウォーターフォールという開発方法とは大きく異なっていた。

ウォーターフォールは、要件定義・設計・製造・テストの工程に分割され、「前から順番に」(滝が上流から下流に流れるように)実行するもので、長い時間をかけ、何百人も人を集めて巨大なドキュメントを定義する。

しかし、ソフトウエア開発では、例えば建築と比較すると変更が簡単で、逆にソフトウェアをつくらない段階で要件定義するのはとても難しいため、手戻りが発生したさいのロスが大きいウォーターフォールは正直向いていない。工程管理がしやすいので日本では重視されていたが、私が米マイクロソフトで様々なシステム開発の現場をみた中で、採用しているところはただの一つもなかった。

アジャイル開発では、変化を前提として短い開発期間の中で自動化されたテストを繰り返し、顧客を巻き込んでチームで一体となって製品を生み出すため、仕様変更にも強いという利点もある。

アジャイル開発の有名な手法の一つに**「スクラム」**というものがある。ラグビーのスクラムにちなんだ5～10名からなるこの体制では、**メンバー全員がオーナーシップを持って開発を進める**ため、チーム内のコミュニケーションが非常に重要になってくる。各開発メンバーの役割は臨機応変で、他にプロダクトオーナー、スクラムマスターという役割が存在する。

また本書にもたびたび出てくるDevOpsとは、現場でしばしば対立しやすい、機能の開発を担当する開発（Development）チームと、サービスの運用を担当する運用（Operations）チームの緊密な連携・協同を狙った手法を指す。ソフトウェア開発だけでなく運用にもスコープが広がっており、ソフトウェア開発時の効率のよい方法として一般化している。

今やアメリカでは、アジャイルやスクラムの進め方が「常識」としてソフトウェア開発の場で浸透しているが、日本での導入はまだまだ進まない。

日本で私がアジャイルのコンサルタントをやっていた頃、こんな事件があった。マイクロソフトのソフトウェアプロセスの専門家サム・グッケンハイマーが来日し、私がアテンドする中、大手企業を相手に開発プロセスの説明をしていたときのこと。「ウォーターフォールとアジャイルのメリット・デメリットは何ですか?」と尋ねたお客さんに、彼はこう言い放った。

「ウォーターフォールは一切メリットがないのでやめておきなさい」

普段私が「顧客が傷つくだろう」と思って言わないでいたことを直言していて大変驚いたが、専門家としての見解は彼と全く同じだった。ソフトウェアの開発方法として、そもそもウォーターフォール自体が向いていないのだ。

だから、より良いソフトウェアを楽に開発したいなら、不合理な方法は採用せず、アジャイル以降の、チームが楽しく、成果が出る方法の研究をお勧めしたい。

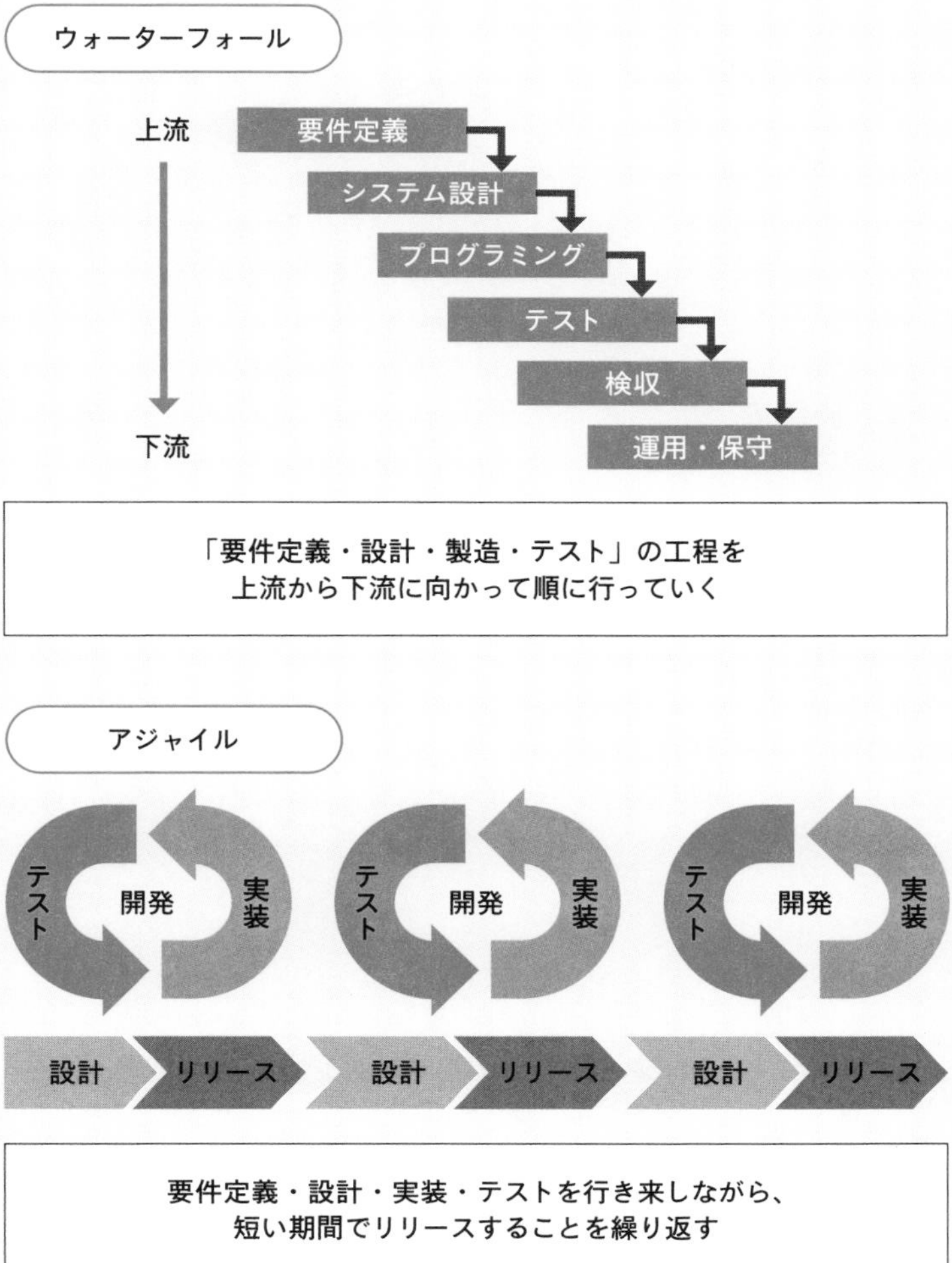

図5　ウォーターフォールとアジャイルの比較図

第2章
アメリカで見つけたマインドセット
——日本にいるときには気づかなかったこと

「Be Lazy」というマインドセット

ここからは一流のエンジニアたちが身につけている、仕事を加速するマインドセットについて、具体的にどうすれば仕事に導入できるのかを解説していきたい。いわゆる精神論とは異なる「思考法のスキル」と思って読んでもらえたらと思う。

このマインドセットがなければ、本書で伝えるあらゆる仕事術は小手先のテクニックとなってしまう。考え方の「型」をインストールしてこそ、仕事術は現実を変える武器となる。

メンタルモデルとも似ているが、行動様式も含んだより包括的な思考の習慣として捉えてもらえたらと思う。

グローバル企業のインターナショナルチームに1年くらい参加すると自然と彼ら特有のマインドセットを理解し、その破壊力を体感できるものだが、誰でも真似できることなので、ぜひ取り入れてみてほしい。

「Be Lazy」（怠惰であれ）——これはクロスカルチャーの専門家ロッシェル・カップさん

とディスカッションしたさいに、最新の技術をもっともうまく導入するために個人とチームに必要な思考の習慣として第一に上がったものだ。これは、アジャイル、スクラム開発の世界でも頻繁に言われている非常に重要なポイントだが、端的にいうと**「より少ない時間で価値を最大化するという考え方」**だ。できるだけ最小の労力で楽をする方法を探ろうというマインドセットだ。

Be Lazyを達成するための習慣は、次の通りだ。

・望んでいる結果を達成するために、最低限の努力をする。
・不必要なものや付加価値のない仕事（過剰準備含む）をなくす。
・簡潔さを目指す。
・優先順位をつける。
・時間や費やした努力より、アウトプットと生産性に重点を置く。
・長時間労働しないように推奨する。
・会議は会議の時間内で効率的かつ生産的に価値を提供する。

この一覧を見ると、たいていの人は「当たり前じゃないか?」と思うだろう。だがそこ

に意外な落とし穴がある。

例えば「優先順位をつける」という項目について考えてみよう。よくスクラム等で言われる言葉で「バックログ（やるべきことリスト）に優先順位をつけて、優先順位の高いものに集中しよう」ということがある。この言葉を聞いて、日本人一般の頭に浮かぶのは図6の左側のようなイメージだ。リストに上がっているタスクが五つあるとして、「全部はできないから、優先順位をつけて、どうしてもできないのは無理だから実施しないようにしよう。でも時間が許せば全部実施したい」と。

ところが、同じ言葉に対して海外のメンバーなら、図の右側のようなイメージをもつ。**「最初の1個をピックアップしてやったら他はやらない。その一つにフォーカスしよう」**という感覚だ。

こういう場面はインターナショナルチームにいると頻繁に目にして、そのたびに驚いてきた。例えば、私がエバンジェリスト時代に「バリューストリームマッピング」（詳しくは後述する。83頁参照）という、メンバー間でプロジェクトの無駄を発見するセッションを同僚のデビッドとやったとき、彼は「リリースマネジメント」というDevOpsプラクティス（開発担当者と運用担当者が連携してスピーディーにシステム開発を行う手法）の一つしかアドバイスしなかった。メインのプラクティスだけでも7個ぐらいあるのに。

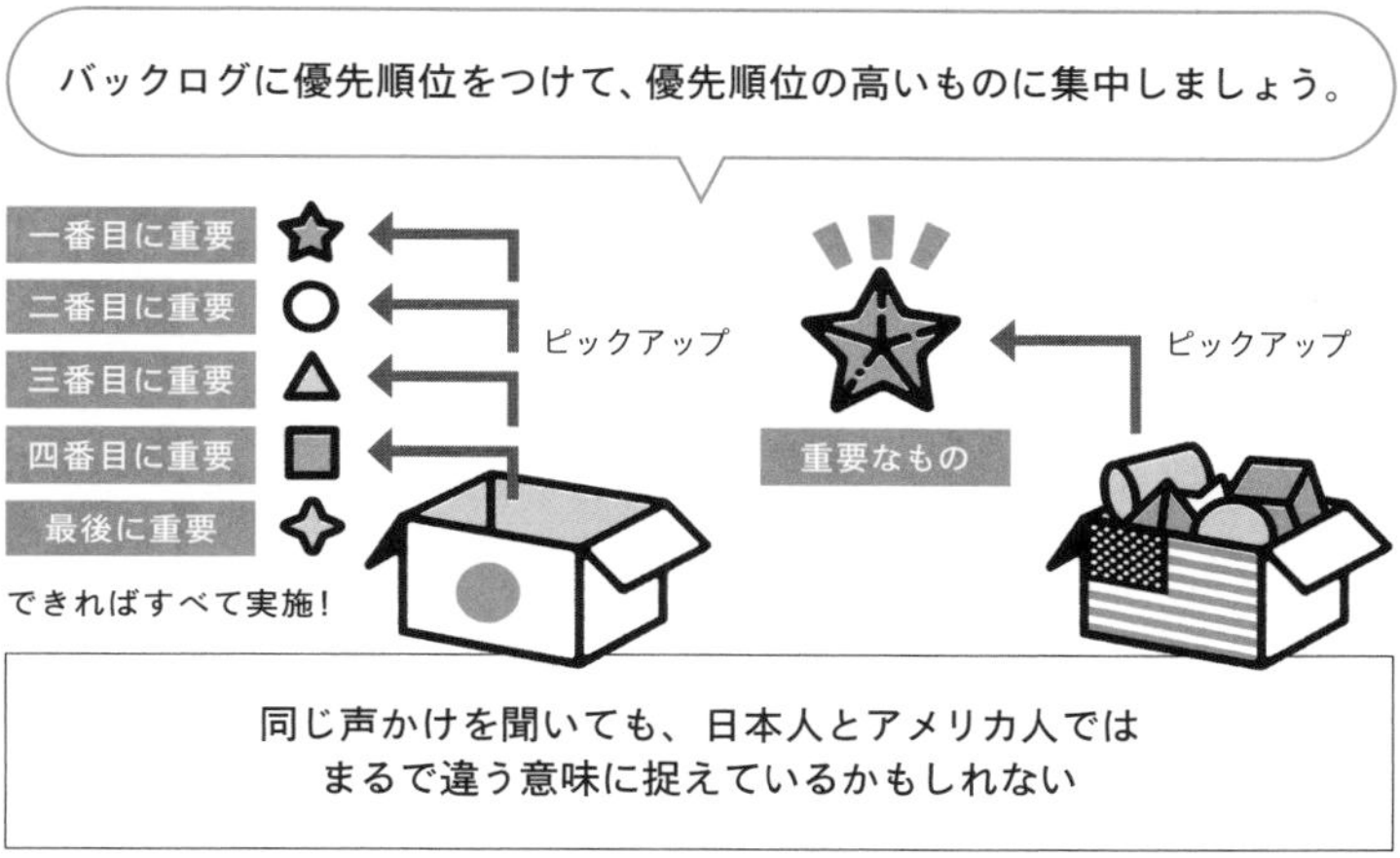
バックログに優先順位をつけて、優先順位の高いものに集中しましょう。
一番目に重要
二番目に重要
三番目に重要
四番目に重要
最後に重要
できればすべて実施！
ピックアップ
重要なもの
ピックアップ
同じ声かけを聞いても、日本人とアメリカ人では
まるで違う意味に捉えているかもしれない

図6　「優先順位」という言葉のイメージの違い

「DevOpsプラクティスのAutomated Testingもできていないし、他にもいろいろあるじゃない。なんで一つだけしか言わなかったの？」と尋ねたら、「だって、たくさん言ってもできるかな？　まず一番インパクトのある一つを確実にすることが大切なんだ」と言う。

我々日本人はすぐに「あれも、これも」やらないといけないと思いがちだが、「すべき」より、「実際にできるキャパ」を考えるほうが生産性には有用だ。いわゆる〈2−8の法則〉でも、20％の仕事が80％の価値を生むのだから、20％をしっかりやればよくて、100％全部やろうとすると工数もかさむし、時間が足りない。

100個のタスクがあったら、本当に重

要なのは20%程度なのだ。海外チームのメンバーを観察すると、20%のタスクを終えて80%の価値を出したら、残りの80%はやらずに、次の80%の価値を生む20%の新しいタスクに取り組んでいる。そうすれば、100%の仕事に時間を費やしたケースに比べて、40%の工数で160%の価値を持つ仕事ができることになる。

ざっくりとしたイメージでいうと、彼らが無理なく生産性が高いのは、こうした理由による。実施すべき「物量」が少なく「価値」が高いものを如何につくっていくかの工夫を常日頃からしているのだ。

いかにやることを減らすか?

一流エンジニアたちは「いかにやることを減らすか?」に頭を使っている。一般的にたくさんの機能を速く実装することはいいことだと思われがちだが、本当は「悪」だ。なぜなら、統計によると実際はソフトウェアの機能のうち40%ぐらいしか使われないからだ。100%を全力でつくっても60%は使われないし、しかもそこでバグが発生したらその都度直さないといけなくなり、コードベースが多くなるので、変更があったときにコードを読む量が増えてしまう。

つまり、Be Lazy の精神で「やることを減らす」のは大変素晴らしいことなのだ。ところが日本人の感覚からすると、全部やらないのは何となく悪いことのように感じてしまい、現行の手続きやすでに決まっているタスクを「減らす」のがとても苦手だ。しかし重要なのは、**「減らすこと」自体に価値がある**と、マインドをリセットすること。

例えば、私がマイクロソフトに在籍しはじめてから、すでに2回報告システムが変わっているが、その度にどんどん手続きが楽になっていっている。ミーティングも毎週だったものが不要になってきたら2週間に1回になったり、1年に4回あったレビューが少なくなったり等、業務上の負荷が減っている。

すると、そこに使っていた時間的・体力的リソースを他のより優先順位が高いことに使えるようになり、**「より短い時間で、価値を最大化できる」**。

完璧主義傾向の強い人は、相対的にさほど重要でないものも同じ感覚で「ピカピカ」に磨き上げてしまうため、時間がかかってしまいがちだ。むろん、これにはいい点も悪い点もある。例えば欧米人は細部までピカピカに磨いて完成度を高める能力が日本人に比べて乏しい。

問題なのは、重要ではないことにまで、過大な工数を使ってしまうことだ（例えば、文章を書くときにExcelの細かいレイアウトまでこだわるとか）。優先順位の低いことはやめ、重要なことだけをピカピカに磨くことで、競争力は飛躍的に高まるはずだ。

プロダクトオーナーからマネージャ、チームメンバーまで、全員がこの意識を共有することで、ストーリーの優先順位づけや、機能のどれを実装するかという場面で合理的な判断がスピーディーにできる。

プロジェクトにかかわる人全員で、本当に必要な機能は何か、不要な機能は何かを見極め、プロセスの改善を実施していかに「楽」をしてより高い価値を生み出せるかをディスカッションする必要がある。では、その手順を具体的に見ていこう。

1．一つだけピックアップする

インターナショナルチームで周りを観察すると、一番実践しているプラクティスだ。私は優先順位をうまくつけるのが本当に苦手で、あれもこれも大切に見えてしまう。だから思い切って、「一番重要なのはどれか？」を考えてそれだけをやるようにした。

最終的に三つピックアップするケースでも、まず最初に一つだけピックアップしてから、あとの二つをピックアップする。残りをスルーするのは最初は恐怖だろうが、結局はユーザー側もたくさんあると理解できない。よく使う機能はせいぜい三つくらいだろう。

まず、**一番重要な「一つだけ」をピックアップする癖**をつけると、時間がないときも、少なくともポイントを外さない仕事を高速で回せるようになってくる。そうすると、案外「やらないといけない」と思っていたことをやらなくても、問題にならないことがわかってくる。

無論すべてのケースで「一つだけピックアップ」方式が通用するわけではないが、これを3回繰り返せば三つピックアップできる。重要なのは、10個のうち1〜3個しかやらないことは決して悪ではなく、そのほうが「バリュー」として効果的なことを体感することだ。

2. 時間を固定して、できることを最大化する

あれもこれも「すべき」というマインドだと、どうしても時間をだらだらと延長してしまいがちだ。海外のチームメイトを観察していると、「すべき」から時間を計算するのではなく、**時間は固定して、その中で価値を最大化する**という行動をとっている。

例えばロッシェルさんと打ち合わせをするときも、「あれも、これも課題だな」と思っても、時間が延びることはまずなく、この時間でできる範囲の中で、最大限バリューが出ることにフォーカスして、「今日はこの二つだけやろう」といった思考に切り替わる。

時間が最大の制約なので、時間内に確実にできる数に絞って、最大の成果を出せること

に集中する。皆さんも、なんにも準備できていないのに急に明日プレゼンをすることになったら、無理なものは諦めて、バサバサと要素を切り捨てているはずだ。きれいなドキュメントをつくる暇はなく、「やること」の数を減らし、本当に重要なことのみ時間内に伝えられるように意思決定せざるを得ないだろう。

「まだ完璧じゃない」と最初は怖くなるかもしれないが、そこで「抜けていく」ようなことは大抵あまり重要ではないし、必要なことなら他の誰かからフィードバックを得られるので、臆せずスピーディーに実施するといい。

3.「準備」「持ち帰り」をやめてその場で解決する

日本では、会議というと、事前の準備をし、終わった後に、議事録を書いたりして様々な課題を検討しないといけない状況だった。

インターナショナルチームを観察していると、彼らは常に**「会議の場」だけで完結**する。ざっくりしたアジェンダ（検討事項）はあるが、準備に時間をかけて会議に臨むことは一切しない。議事録もその場で要点だけをノートアプリのOneNoteにとって共有される。プレゼンテーションの会議なら、「後で書き直します」みたいなことはせず、その場で資料を修正する。そうすれば終わった後に作業時間を取らなくてよく、会議の時間内に必要なことを共有できる。さらに、会議後の「宿題」や「持ち帰って検討すること」も滅多にない。必要な「意思決定」は、極力その場で行う。

つまり、会議に出たら「会議の時間内だけで完結」するよう訓練すると、非常に生産的だ。

昔、私がコンサルタントをしていたとき、ソニックガーデンの創業者・倉貫義人さんからもらった一言は忘れられない。

「牛尾さん。会議の準備をしないでくださいね、無駄だから。そうじゃなくて、**会議の時間を価値の高いものにしましょう**」

倉貫さんとの会議は常に生産的で、その場ですべてを解決するスタイルだった。会議の前にも、後にも時間は不要だった。その潔さが、濃密な価値を生んでいた。

最初どれぐらい準備をしなくてもいいのかが摑めなかったら、いっそ「準備なし」でどこまでできるか試してみるとよいだろう。そして、できるだけ「会議の時間内」のみで完結できるように努める。案外かなりの程度「できる」ことに気づくはずだ。

できない場合は「余計なこと」を頑張り過ぎている可能性が高いので、日頃の業務から不必要なものをできるだけ減らしていく練習をするとよいだろう。

4．物理的にやることを減らす

マイクロソフトの開発チームでは「スプリントプランニング」という定例のミーティングがあり、2週間で実施するタスクの整理をマネージャと一緒に行う。日本の進捗会議といえば、何ができていてどれが遅れているという報告の場であったと思う。マネージャから、予定していた要素を外す話はまずなく、人を投入してどうやって全部やるか？　に頭を使っていた。

こちらでは、マネージャ自身が「このタスクあんまり重要じゃないから、2週間でやる必要ないね」と言って簡単にスコープ（予定していた機能）から外す。どんどん仕事が減っていくし、そのまま二度とやらなくなったタスクもある。みんなが絶対的に重要なタスクにフォーカスできるように気を配ってくれている。

物理的にできないものは頑張ってもできない。だから、自分の仕事の中で「何をやらないか」をどんどん決めていこう。計画なんてものは当初の予測であって、正解とは限らない。予測不能のことは起こるものだし、優先順位は刻一刻と変わっていくもの。仕事は「どれだけやったか？」ではなく、「どれだけ会社にインパクトを与える仕事ができたか？」のほうが重要なのだから。

以上の四つは、いきなり実践するのは簡単ではないだろうし、経験を積まないとさじ加減が理解できないかもしれない。しかし意識的にBe Lazyの思考法を実践していくとだんだん上達してくるし、限られた時間内での価値の高め方が個人としても組織としても上手くなっていくだろう。

リスクや間違いを快く受け入れる

生産性を加速するうえで重要な第二のマインドセットとして、「リスクや間違いを快く受け入れる」というのを挙げたい。リスクとの向き合い方は、我々日本人にとってかなり難易度の高いものかもしれない。リスクを受け入れるとは、欧米のビジネスシーンにおいて次のことを意味する。

- 間違いを厳しく批判したり懲罰したりしない。
- 失敗から学ぶ態度。
- Fail Fast（早く失敗する）。
- 実験が推奨されている。

・全員に「現状維持」や「標準」を要求せず、臨機応変が推奨される。
・非難や恐怖感のない環境。

これらの習慣の大切さは、私自身、渡米前から言葉ではわかっているつもりだったが、実際に現地で働いてみると、想像の範囲をはるかに超えていた。間違いや失敗に対するイメージが根本的に違うのだ。

インターナショナルチームでまず気づいたのが、同僚や上司が「Miserably Failed（惨めに失敗した）」という言葉を頻繁に使っていることだった。

日本では「決して失敗は許されない」プロジェクトが多々あった。しかし、人間なので、いくら失敗が許されない状況だろうが、どんなに準備しようが、失敗は発生する。

奇妙なことに日本では、ネットでもお客さんが激怒し、炎上して中身も売れ行きもボロボロなのに、納期と予算を守ったという理由で「成功」したことになっているプロジェクトをいくつも見てきた。組織で失敗すると、左遷されたり詰め腹を切らされたりして悲惨な目にあうので、失敗を認めづらいのだ。だから、ビジネスにおけるあらゆる選択肢は、個人としても組織としてもつねに無難な方へと流れてゆく。

一方、アメリカでは、失敗や間違いで怒られることが皆無だ。失敗に気づいた後に、本社に報告すると、「フィードバックをありがとう！」と大変感謝される。もっと言うと、誰がやってもうまくいくようなことを無難に実施してミスがなくても、それは評価の対象にならない。

例えば、私は本番環境をお客さんとハックして改善する「ハックフェスト」という取り組みをやっているが、そこではいつも**「お客さんのもっとも難しい問題を解いてこい」**と言われる。つまり、世の中のどこにも情報が落ちていないような問題解決に取り組むことが評価されるのだ。

誰かが失敗したところで「あいつはダメだ」とネガティブに言っている人は見たことがない。だから、より難しいことへのチャレンジがすごく気楽にできるのだ。社内のイベントのハッカソンでもその主導者が「今日はたくさん失敗しよう！」と掛け声をかけていたのが印象的だった。

むしろチャレンジしないほうが、会社の将来のリスクを高める。だから**成功しようがしまいが、まずはやってみて、早くフィードバックを得て、早く間違いを修正していく――Fail Fastの精神だ**。この考えはアジャイルやDevOpsなどすべてのモダンな開発手法に共通する思想だ。人間は間違う生き物だということを出発点にしている。

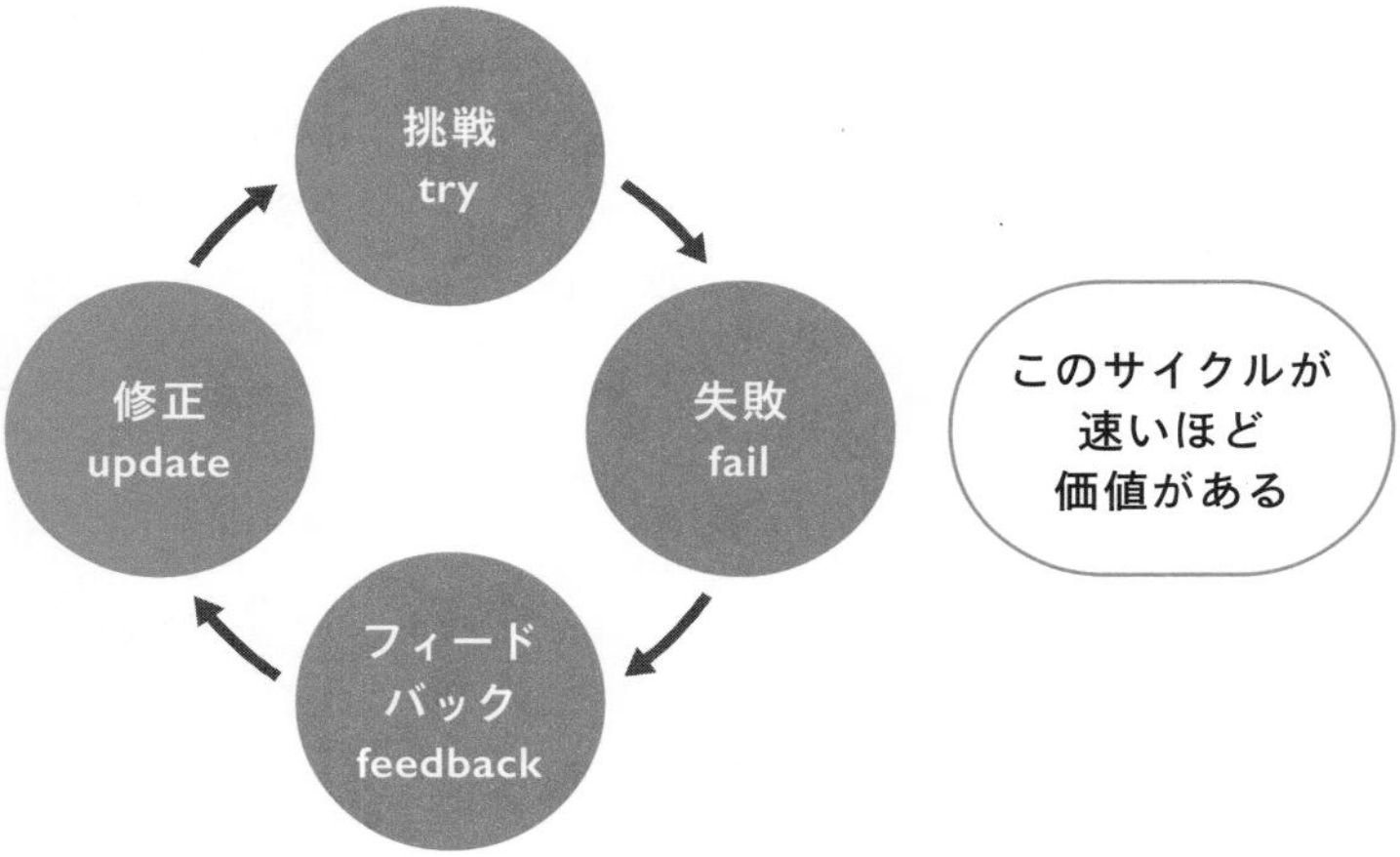

図7　Fail Fastの原則

「リスクや失敗」を恐れる体質は、生産性の面で劇的な低下をもたらしてしまう。失敗したくないと、ともかく慎重になってしまうからだ。時間をかけたからといって失敗をゼロにできるわけでもないし、時間をかけている間にライバルはどんどん次に進んでしまうのに。

私が米国であるお客さんとディスカッションをしていて驚いたことがある。リュックを一つだけ背負ったその兄ちゃんが、私と上司のダミアンに会いに来て1時間ぐらい話をしたあと、「うん。やろう」と言って、500人規模のハックフェストをその場で決定して帰っていった。

これが日本なら、まずベンダーが提案して、顧客がそれを見てExcelで質問票をつくり……といったやり取りを数カ月行って、結局はやめたみたいなことがしょっちゅう起こる類の案件だ。これはベンダーにとっても顧客にとっても大きな損害で、工数を使って結局は何も生み出せていない「ノーバリュー」の仕事なのだ。

でも1時間で物事が決まって、実際にハックフェストを実施すれば、本番環境の検証がわずか数日でできてしまう。Excelでいちいち質問票をつくっている時代ではない。そんな暇があったら、実際にハックして確認したほうが100倍確実な成果に結びつく。

今の時代、**検討ばかりして、さっさと「やらない」ことのほうが最大のリスク**だということを肝に銘じてほしい。やらないほうが必ず失敗する確率が増えるのだ。

机上でいくら慎重に検討しても、実際市場に出したらどういう反応が返ってくるか、本当にそのテクノロジーが適切に動作するかは、実施するまではわからない。だから少なくとも変更がしやすいソフトウェアの世界は、アジャイルのように早く実装して、早くフィードバックを得る方式のほうが合理的だ。

でも、「早くやるのはいいけど、ちっとも進歩せず、同じ失敗ばかりを繰り返す人（チーム）もいるじゃないか」と思う人もいるかもしれない。ごもっともな指摘だ。

そこへの回答は**「評価」**だと思う。

基本的なスタンスとして、「従業員への信頼」を慣習とする多くの米国企業では、普段の業務において細かいことを言わない。最初に会社と合意したゴール、つまり大まかなKPI（重要業績評価指標）を達成していたら、途中で失敗しようが、人より不器用だろうが何だろうがとくに問題にはならない。まずはその人を信用する。

KPIが達成できなければ、1年の評価のタイミングで、給料が下がったりクビになったりする。ただそれだけの話だ。

マイクロソフトの場合は、「何ができるか」でエンジニアとしてのランクは明確に定義されており、自分のランクによって給与は決定される。給与を上げたかったら一つ上のランクの仕事をしてKPIを達成する。するとマネージャがプロモート（ランク上げ）しようとノミネートしてくれる。他人との比較ではなく、自分との戦いでレベルアップしていく仕組みだ。

ちなみにGAFAM（Google, Amazon, Facebook, Apple, Microsoft）のソフトウェアエンジニアの年収は、新卒1～2年目で約15万～19万ドル、入社数年で19万～27万ドル、シニアエンジニアクラスで27万～40万ドルだ。フェイスブックのベテランエンジニアに至っては100万ドル近い報酬を得る（ボーナス等含む。年収が上がるにつれ自社株での支払い比率は高くなる）。

元アマゾンのプロダクトマネージャ・ゆうさんのブログ（https://honkiku.com/gafasalary/）も参考になるので、興味のある人はチェックしてみるとよいだろう。ランクが上がるごとに給与レンジが跳ね上がるため、スピーディーにチャレンジを重ねてＫＰＩを達成したものが相応に報われる仕組みとなっている。

失敗を受け入れる具体的な実践法

失敗はただの結果であり、そこでどんな「フィードバック」を得たかのほうがはるかに重要だ。ロッシェル・カップさんは、米国ではプロジェクトが中止になったら、成功したときと同じようにパーティをする会社もあると教えてくれた。なぜなら、その失敗から「学ぶ」ことができたからだ。

この「失敗に学ぶ思考の習慣」は生産性を飛躍的に高めてくれる。このマインドが身につくと、簡単にライバルに差をつけることができる。具体的に見ていこう。

Ⅰ．「フィードバック」を歓迎するムードをつくる

チームメイトが何か成功したら当然喜ぼう。もし失敗して、フィードバックしてくれたら、失敗する方法がわかったので、感謝しよう。失敗して「怒ったり」「批判する」のはあ

なたと対等であるチームメイトを「子供扱い」しているのと同じだ。

職場で「怒る」という選択肢はなくし、フィードバックを促進するムードを積極的につくりたい。些細なことだが、例えばメールで成功の報告を見たら、みんなで「おめでとう」のメールを返したり、失敗事例とその原因のフィードバックをしてくれたら「感謝」のメールを返そう。

もしあなたがマネージャなら、本人の評価はあくまで約束したKPIの達成の可否であり、日々の業務における小さな成功や失敗ではない。そこは明確に区別しよう。このチーム内のムードづくりは、上位マネジメントのほうから積極的に仕掛けていくほうがいいだろう。

2.「検討」をやめて「検証」する

もしあなたがクライアント企業側や、上司ならば、パワーポイントに書かれた大量の資料をいちいち要求したり、書類の精度を期待するより、**時間をかけずさっさと「検証」の段階に進み、フィードバックを得るようにしよう**。

人間に未来は予測できない。仮にあなたがベンダーに「提案」を依頼するとしよう。私が日本の大手SIerに勤務しているときは、何人もの人が数週間かけてせっせと提案書をつくっていた。しかし正直、大量に検討した資料をつくったところで精度は低いし、マニュアルに「できる」と書いてあっても、実際やってみるとできないことなんて頻繁に生じる。そしてその工数は、ベンダーからの請求書にきっちりのってあなたにはね返ってもくるだろう。Lose-Loseの関係だ。

それよりも、実際につくってみるほうが圧倒的に速い。ああでもない、こうでもないと机上で検討するのではなく、実際につくって「ハックフェスト」などを通じて、動くもので検証しよう。あの機能は実装するべきか否か、この機能はどうしようかと検討している暇があったら、実際に実装して、ベータテストでリアルなお客様で試してさっとデータを取ろう。反応は、思わぬ結果になるかもしれないのだから。

「検討よりも検証を」という考え方は、ソフトウェア開発にとどまらずあらゆる分野に応用可能なはずだ。

また、アーキテクチャやツールが数種類あってどれにするか決めあぐねているパターンがあるとしたら、意思決定は簡単だ。

答えは**「どちらでもいい」**。趣味で選べばよい。

なぜなら圧倒的に差があるのなら、決めあぐねるはずがないので、どちらを選択しても大差はないのだ。そんなことの選択にだらだらと時間を使うべきではない。

今は昔と違って、ツールやサービスの単価は高くない。一つのツールで失敗したら次のにさっさと乗り換える割り切りも重要だ。つまり何を選ぶかの比較検討に過大な時間をかけることは無駄である。それより早く前に進もう。実践経験を積み重ねるほうがよっぽど重要なことだから。

3.「早く失敗」できるように考える

繰り返しになるが、開発の現場では、とくに「フィードバックが遅い」というのが致命的な問題になる。

例えばウォータフォール時代だったら、要件定義をして、設計をして、製造して、テストをする頃になってやっと実物のアプリをつくるので、ここでいろいろな問題が発覚することが多い。実際の「フィードバック」を受けるまでの時間が長く、手戻りのロスも大きい。

それでは今の時代に勝負にならないので、早く試して、失敗して、フィードバックを受けて素早く方向修正する。**早く失敗することはそれ自体に価値がある**。

最初から「正しい方法」がわかっている人はいない。正しい方向性を早く見つけた者が勝つ世界であることを肝に銘じたい。

不確実性を受け入れよう

失敗を快く受け入れるマインドはそのまま、業務全体の「不確実性を受け入れる」ことにもつながってくる。変化に柔軟に対応する必要のあるソフトウェア開発の分野ではとくに必要とされる第三の思考の習慣だ。この考えなしに、新しいモダンな開発スタイルのマネジメントは不可能といっても過言ではない。

具体的には以下の考え方である。

・マネジメントは詳細まで細かく練られた計画を期待しない。
・予算と報告のプロセスは精密な結果の予測を要求しない。
・内部プロセスは計画や優先順位の変更に柔軟である。
・事前に全ての問題分析が完了せずとも新しいことに挑戦する姿勢を持つ。
・システムとプロセスは柔軟で、複数の頻繁な変更を受け入れられる。
・学びに基づいて、変化を精力的に行う。

これは日本人がもっとも苦手とする分野の一つかもしれない。我々には「不確実性の忌避」という文化的性質があり、先に予見したり、計画することに丁寧に時間をかけるからだ。比較的先が見通しやすい産業においては有効な戦略かもしれないが、VUCA（曖昧で不確実性の高い）の時代、とくにソフトウェアのように先の見通しが立てにくい分野ではこの性質が大きなマイナスになってしまう。

一生懸命未来を予見し、緻密な計画を立てることに時間を使ったあげく、商品やサービスが世の中の実態にそぐわなくとも、当初の「計画通り」に遂行しようとして、プロジェクトそのものが炎上してしまう場面はしょっちゅうある。

「計画通り」いかないことは決して「失敗」ではない。そもそも未来を正確に予見できる人なんてこの世の中に存在しないし、なぜ「計画通り」でなければならないのだろうか？むしろ、スピーディーに軌道修正をかけていける柔軟性のほうがはるかに大切だ。

その第一歩として、**「納期は絶対」の神話は捨てよう**。

私が、最初に知って衝撃を受けたのは、「納期（Deadline）」の意味が日米でまるで異なることだった。日本の場合、納期に、予定された機能がすべて搭載された製品を、予定された品質で納品することが求められる。

しかし米国では、「納期は柔軟」だ。確かに同僚たちを見ていても日本ほど「納期」に厳しくない。多くの案件は期日通りリリースしているが、実は中身は予定よりも少ない量に変更されていることはよくある。納期を守るために、徹夜する人たちも見たことがない。日本人は納期に厳格すぎて無理をしすぎる傾向にある。だが、そこにどれほどのバリューがあるだろうか？

Q（品質）C（コスト）D（納期）＋S（スコープ）は、トレードオフの関係にある。納期を短縮したければ、品質を落とすか、お金をたくさん払うか、提供する物量（スコープ）を減らすかのいずれかだ。エンジニアリング的には予定通りＱＣＤＳをすべて達成するというのは非常に困難である。

だから、多くのマネージャは、ゆとりのあるバッファをもって、それを達成しようとするし、私もマネージャ時代は常に30％ぐらいのバッファを残すようにしていた。それでも、ソフトウェアの場合は変更が多いので、当初の計画通りにはまずいかない。段階にもよるが、最初の段階で計画したコストの3倍になる確率も十二分にある。

ではどうすればいいのか？　単純化していうと、**進捗の「実績」だけで状況判断し、「納期」を固定したまま「スコープ」を出し入れするのが現実的**だ。

納期は守り、期日にデリバリしつつも、間に合わないものはそのリリースに入れずに次に回すか、もしくはやめる。ある機能の搭載が1週間遅れたからといってそれがどの程度インパクトがあるだろうか？　計画は「いまのところは、こういう予定」ぐらいの感覚で見たほうがよい。

マイクロソフトや、他のサービスプロバイダを見回してみても、納期通りにすべての予定された機能をリリースしているソフトウェア・ジャイアントなんていない。ロードマップを示すのは見通しがよくなってよいことだが、実際リリース予定日が近づくと、しれっと特定の機能が削除されていることはざらにある。

アメリカでは納期が近くなっても、「無理して機能を完成させなくていいから、品質の良いものをつくるようにしようよ」とマネージャから言われる。

最初衝撃を受けたが、さほど問題になりもしない納期とリリース機能を守るために、プログラマの生活や健康を犠牲にしてまで取り組むことは、中長期的には疲弊して生産性が低下してしまうことになるので、マネジメント的に効率が悪いのだ。

決して無理はしないほうがいい。なぜならチームの適正な生産量を超えた量を一定期間で達成した結果、組織の問題を覆い隠すことにつながるからだ。「今回できたのだから、次回もこれぐらいできるよね」と、無理が積み重なる悪循環に陥りがちだ。チームの実態が上層部や周りに伝わらず、問題点も改善されない。

チームのリソースを超えているときは、現実を見て「物量を減らし、より大きな価値を生み出す工夫」が必要だ。Be Lazy の精神でいかに「やらないこと」を見つけるかがポイントとなってくる。

バリューストリームマッピングで「見える化」する

開発が1週間単位で行われているならば、前週、2週前にどの程度の量をこなすことができたかを測定し、次週以降の想定を立てるだろう。ただ、状況は刻一刻と変わるので、計画通りに進むとは限らない。チームの誰かが病気になるかもしれないし、思ったほど作業の進捗が芳しくないときもある。

楽観的でも、悲観的でもなく、現在のチームの生産性を測定して次の直近の予測に使うとよい。

上席から事前の詳細な計画の提出を求められるケースではどうするか。詳細な計画を立てているとコストも時間もかかるうえに、しばしば着手の遅れという最悪な結果を招くため、事前に「今回はこういう形式で随時レポートします」と合意しておくことが望ましい。

それが通らない場合、例えばソフトウェア開発では、バリューストリームマッピング（Value

Stream Mapping）という現在の開発プロセスを「見える化」して、改善ポイントを見つけ、リードタイムを短縮することができるツールを使うとよい（図8参照）。

具体的な使い方としては、開発や保守をしている現場の人、そして、マネージャ、上席を一堂に集めて、現在の仕事のプロセスを見える化し、それぞれにどれぐらい時間がかかっているかを共同で図にする。

実施すると、たくさんの承認作業や手作業、有効だとは思えないドキュメント書きなどの問題点が明らかになってくるだろう。たいていは現場の人間もうすうす無駄だと思っていた点が浮き彫りになる。

すると**多くの場合、素晴らしいことに4時間ぐらいで、無理なくリードタイムを短縮できる「見込み」を知ることができる**のだ。

ある会社ではリードタイム8・5カ月だったのが、バリューストリームマッピングを実施して自動化したら、1週間短縮できる見込みだとわかって、数カ月後、1週間に数回ソフトウエアを利用できるまでになった。これは画期的な改善の一例だ。

上層部にとって、細かい開発プロセスはどうでもいいことなので、「DevOpsという開発のやり方をやってみたいんです。我々のプロジェクトのリードタイムは今〇カ月ですが、それを導入すると1週間短縮できるようなので、やってもいいですか？」と提案すれば

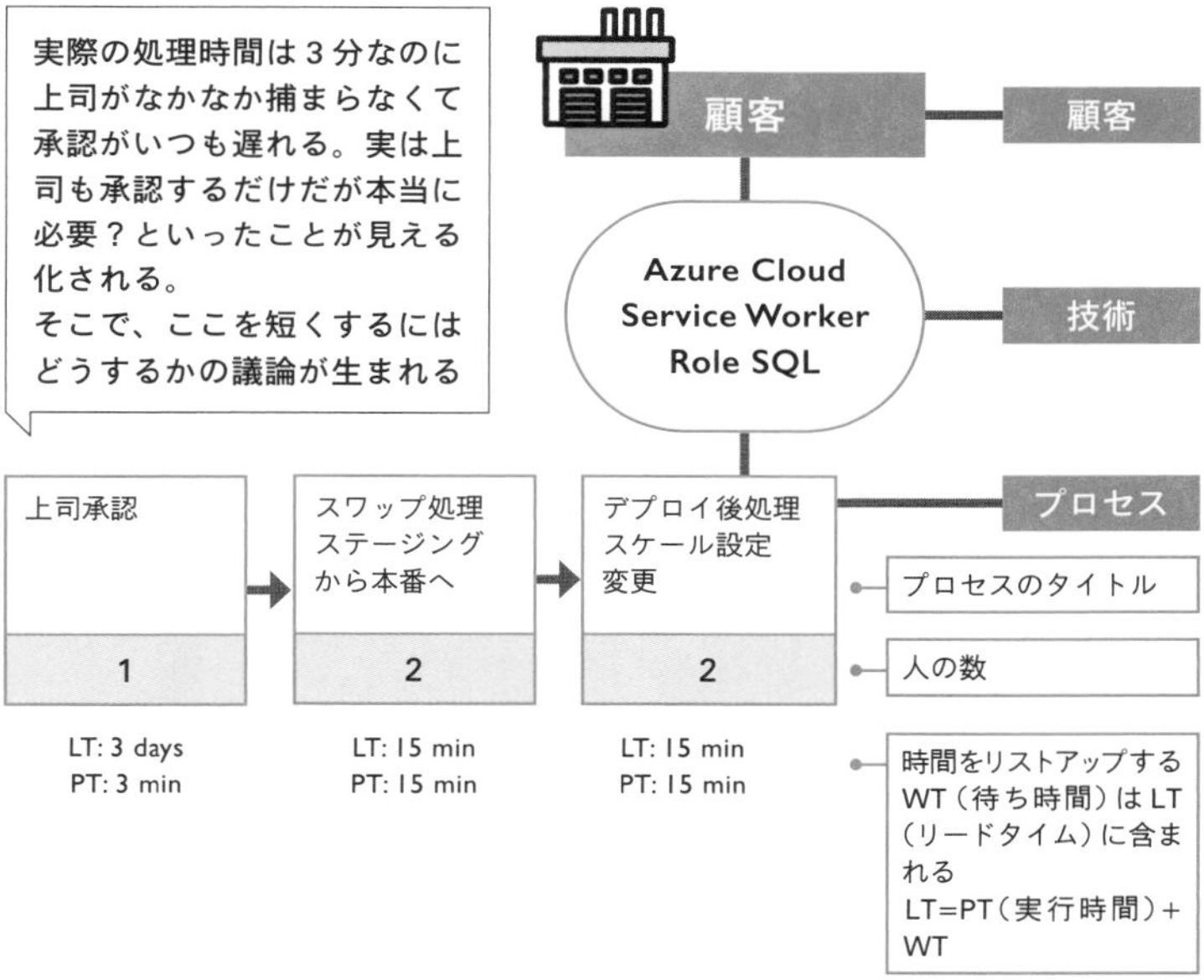

ソフトウェアがリリースされる時点からさかのぼって、どんな
プロセスがあり、どれぐらい時間と人がかかっているかを見える化する

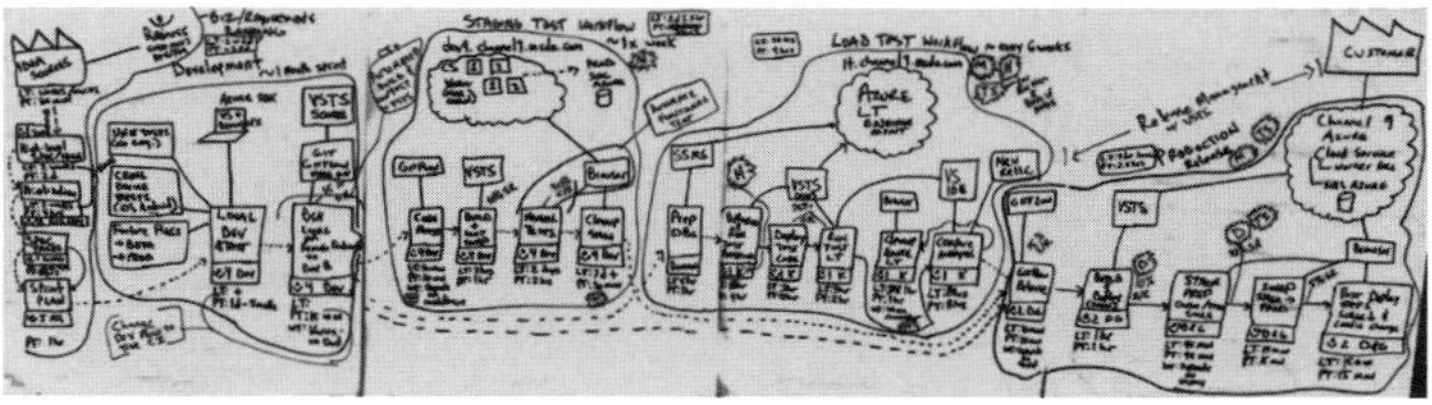

▲ 現場の人、マネージャ、上席の全員で集まって4時間実施した例

図8　バリューストリームマッピング

「やってみたらいいだろう」という話になる。そのとき「DevOpsをやるには、レポートの実施方法も変える必要があるので、今度お見せしますね」と合意をとっておくとよい。**たいていの場合、上司はシンプルなレポートを喜んでくれる**だろう。細かくて把握しづらいレポートより、リードタイムが短くなるほうがよっぽどうれしいはず。もっと言うなら、ＢＩツール（企業内のデータを集計・分析するビジネスインテリジェンスツール）を活用してレポートは自動でまとめてもいい。

「決まっているから変えられない」「変えるのは大変だから」という思い込みで、現状の制約の中で仕事をしようとすれば、何か問題が発生するたびに、「すべきこと」はどんどん増えてしまう。

例えば日本では本番のリリースも、「失敗しないように慎重にテストをしないといけないから、たくさん仕様書を書いてマニュアルテストをします。そうでないと本番にはリリースできません」と現場の方々は言う。ところが、社長さんを連れてきてプロセスを見える化して一緒にディスカッションをすると、「この承認は無駄だね。カットしよう」「別に品質にそこまでこだわらなくていいから、早くリリースできるように前倒ししようよ」「そこは現場で判断していいよ」等、一気に話が進む場面をよく見てきた。

「すべきこと」と思い込んでいるだけで、実際省ける要素は本当はもっと多いのだ。

もっとも、仕事の案件の中には納期が絶対的なものも存在する。オリンピック用のアプリの納期に遅れてしまったら、仕事そのものの意味を失ってしまうだろう。絶対にデッドラインを割りたくない案件だったら、シンプルに**「早く始める」**しかない。

あるいは、**既に動いているものを「リリースする」**と約束すればいい。今では、フィーチャーフラグというテクニックがあり、実際の機能がすでに盛り込まれているが、公開するスイッチをもっており、そのスイッチをオンにしたら特定のユーザーにのみ公開されたり、全体に公開することができる。先に実装しておき、一部のユーザーに使ってもらって、実際に動くし価値もあると判断してから、スイッチして本当の「公開」をすることもできる。これは、Azureや、Windowsなどでも広く使われている方法だ。

前述のように、納期は固定して、スコープを変動させるやり方もある。納期に何らかのリリースをするが、実装できたものだけにする。含まれる機能が増減しても、ユーザーにとって価値のあるものがリリースできるようにしておく。

機能A、機能B、機能Cがリリースされないと意味がない……という場面では、機能A、機能B、機能Cを順につくるのではなく、三つ同時につくるが想定よりずっとシンプルなものにする。連携しつつ価値を提供できる単位でつくると、常にリリース可能な状態ができあがる。そうすれば、機能の増減に関係なく「いつでもリリース可能」というわけだ。

「思考回路」を形づくる実践

モダンなソフトウェア開発メソッドでは「不確実性を受け入れる」のは、基本中の基本となってくるので、以下を具体的に実施していこう。

1.「楽に達成できる」計画で仕事をする

日々の仕事において、他の人にお願いするケースでは（もしくは自分でやるときにも）、その人の能力でいうと、これぐらいの日数でできるという日を納期にするのではなく、プラス何日か余裕のあるスケジュールを設定しよう。

日本では「なるはやで」とか「明日までに」というオーダーで仕事を依頼されることが多いが、海外ではそうした**火急の依頼は「マネジメント能力の欠如」と見なされる**ことを覚えておいてほしい。納期を割る確率が高い賭けをしているようなものだし、依頼先にも相当な負荷をかける。

誰しも日々仕事では割り込みが入らないことのほうが少ない。だから、自分の仕事も、他の人にお願いするものも、余裕を持った日程で、早めにチェックポイントを設けて、仕事をやってもらうようにしよう。

それがうまくできない場合はどうしたらよいか？　そんなときは思い切って「計画通り」が良いという思考は捨ててしまったほうがいい。計画は単に「見通しをたてて、仕事を進めやすくするため」のものでしかない。そもそも納期にどれぐらいバリューがあるかを冷静に考え、自分はどの程度「価値」を定常的に創出できているかを判断基準にするとよい。そして、「価値」は状況によって頻繁に変わっていく。

なにも「たくさん物量をこなすこと＝生産性が高い」わけではない。生み出すものの「価値」にフォーカスするマインドを身につけよう。

2.「無理・断る」練習をする

以前ロッシエルさんと一緒にやった、ブラジル人と日本人の混成チームのワークショップで、彼女は次のような質問を投げかけた。

「もし、皆さんが仕事で忙しいときに、上司からこの仕事をやって欲しいと言われたらどうしますか？」

日本人は「わかりました」と言って残業でカバーするという回答だったが、ブラジル人は「私は今仕事で手一杯だからごめんなさいって断る」と言っていた。

心理学では「鏡の法則」というものがあり、自分に適用しているルールを無意識に他人に適用してしまう。例えば、納期厳守で仕事をしている人は、他人にもそれを求めてしまう傾向がある。とくに日本人には骨の髄まで納期厳守のＤＮＡが刷り込まれている。

寛容になりたかったら自分自身へのルールも緩やかにしてしまったほうがいい。**「無理を承知で」のお願いの連鎖はみんなの疲弊を生み、チームや組織の業務改善に全くつながらない。**あなたが個人として無理をしてプロジェクトの帳尻を合わせてしまうことが、実は問題点を先送りにし、チームとしてパフォーマンスを下げているのかもしれない。

手いっぱいの状況は認識したうえで、ではどうしたら楽に達成できる計画に落とし込むことができるか、あるいは「ここまでだったら、協力できるよ」というラインについてチームで話をするのがいい。

こういうマインドセットをチームでシェアすると、互いに「これは無理！」が言いやすく、負荷軽減の具体的な施策につながりやすい。

3．他の文化の視点を学んでみる

自分の常識は「他国の非常識」であったりすることは多々ある。

私は40代の頃、英国留学を3カ月していた時期があるが、「マーケットリーダー」というビジネス英語のテキストを使っていた。いろんな国の商習慣や文化習慣についても学べる面白い構成で、例えば日本人は時間厳守は当然という感覚だが、他の国だと時間通り待ち合わせに来るのが失礼という国すらある。

ブラジルの例だと、日本人より思っていることを率直に話すし、欧米ではイギリス人やデンマーク人はもっとダイレクトだ。総じて、インターナショナルチームではみな、日本人が気を遣うような場面でも、「これよりもこっちのやり方のほうがいいと思うんだけど」とはっきり意見表明をする。率直だが、「人格の否定」のニュアンスが一切含まれないので受け入れやすく、私もだんだん慣れていった。

こうした多様なスタイルを学ぶと、「常識ってなんだっけ?」という感覚になってくる。日本人は計画の変更に不寛容だが、「リスクや間違いを快く受け入れる」マインドセットがあれば、計画自体が仮説でしかなく、変更され得るものだというマインドセットにつながる。「Be Lazy」のマインドセットがあれば、無理に全ての物量を納期通りリリースすることに本当に価値があるかを考え直すことができるかもしれない。

マイクロソフトではエンジニアたちに降りてくる方針は数カ月単位で変わっていく。状況は刻一刻と変化していくのだから、変化に対応することのほうがよっぽど大切だ。そういう環境下では、時間をかけて緻密な計画を立てることはばかばかしくなる。どうせやっていく中で変わるのだから。

強調しておきたいのは、「計画の変更」は悪ではない。**現実をみて、フィードバックを受けて納期や仕様が変わっていくのはむしろ「善」**ということだ。日本人はそうした変更を管理能力のなさと決めつけたり、責任を問う空気が強いが、それは逆につくり出すものを凡庸にし、生産性を下げ、働く人々のモチベーションを下げる要因ともなっている。

「不確実性を受け入れる」マインドセットをチームと関係者でシェアするだけで、各々が主体的に行動しやすくなり、生産性が高まるのである。

「結果を出す」から「バリューを出す」へ

いわゆる日本式の「結果を出さないといけない」プレッシャーと、インターナショナルチームで「バリューを出す」ことを求められることとは、似ているようでまるで違う。

両者とも目標は立てる。例えば「従来8カ月かかっていたソフトウエアのリリースを1週間短縮する」。それを目標に、5日間のハックフェストを実施するとする。

日本だと、一度1週間短縮という目標が決まったら、途中で未知の問題が発覚しても、

「プロなのだから、一度決めた納期はしっかり守り通そう」と徹夜などして必死に達成しようとする。そして、その目標が達成できなかったときは「失敗」の烙印を押されて次回のチャレンジができなくなる。このため、一度目標が定められると、予測が誤っていても、必ずやりきらないといけない対象になるので、全員に相当なプレッシャーがかかってしまう。

一方、後者は、目標へ向かう途中で問題が発生したら、「どうやったら達成できるか?」を常に考え、工夫するが、目標設定に無理があると判明した場合は、もっとも優先順位の高い最初の1ステップのみを目指すようにすぐ方向転換する。

定時以降の仕事や、休日出勤でカバーしようという流れになることはない。できないものはできないとクールに判断する。簡単に納期を延ばしてしまう。**KPIは定時で無理なく楽に達成できる程度のものであるべきだ**という大前提がある。

私がマイクロソフトに入社した当初、大量の英文メールにも慣れず、いろんな仕事に手を出してアップアップになっていたときに、上司のダミアンにこんな一言を言われた。

「ツヨシの一番重要な仕事は何だ?　うん、DevOpsハッカソンだな。君は今それだけをやればいい」

きっと日本ならば、いい上司でも「最初は大変だろうけど、慣れるまでしばらく頑張るしかない。私もできるだけ手伝うから頑張ろう」となるところだ。

その後も、ダミアンに限らず、チームメンバーからのアドバイスで、「ちょっとしんどいけど頑張ろう」「君が本来やるべき仕事だから時間がかかってもやり遂げて」といった物言いはされたためしがない。インターナショナルチームでは、**定時でできる量になるようシンプルに「作業量」を今の実力でできる範囲内に調整する**のがほとんどで、予定されたアウトプットより少なくなっても全く気にしない。

目標はあくまで目標であり、定例会議でも、スケジュールが計画どおりに進んでいるか、進捗状況なんていちいち聞かれない。**「やってみて実際どうだったか？　改善ポイントやベストプラクティスは？」**ということを尋ねられる。そこにこそ仕事の価値はあることを全員が認識しているのである。

本章では「Be Lazy」にはじまり、「リスクや間違いを快く受け入れる」「不確実性を受け入れる」というマインドセットの三原則について扱ってきた。総じて言えるのは、より少ない時間で価値を最大化できている集団ほど、会社内で「すべきこと」が圧倒的に少ないということ。インターナショナルチームではやるべき仕事はＫＰＩの達成だけであり、それも、無理なものが設定されているわけではなく、やり方は自由で細かい指示はなく各人の裁量に任されている。「やらされること」といえば、せいぜい月次レポートと、必須教育程度だ。

日本では、ＫＰＩのような評価基準に加えて、社会人として社員として「こうあるべきだ」みたいなものが非常に多い。仕事の結果に対しても「このようにやるべきだった」「もっとできたはずだ」「この期間内にやるべきだ」といった反省や改善点が非常に多く、そういう過大な要求が現場を追い詰め、無限の労働へと駆り立て、ひいては働く喜びすら奪っている現実がある。

そんな期待に全て答えようとするのは無理だし、ナンセンスだ。

働くことをめぐるマインド、価値観を一度リセットしよう。

目標設定に関しても、**取り組みの中で得た学びのシェアこそが十分バリューであり、会社にとっての財産**なのだ。目標に向かって何をどう工夫してやるかは管理職ではなく、各人が決めること。そういう環境下でこそ、みんなパズルを解くのと同じノリで、難しい課題にも失敗を恐れず、楽しんでチャレンジできるのである。

第3章

脳に余裕を生む情報整理・記憶術

——ガチで才能のある同僚たちの極意

コードリーディングのコツは極力コードを読まないこと

私はプログラマでありながら、何を隠そう一番苦手で克服できていないことが、コードリーディング（ソースコードを読むこと）だ。ものすごく時間がかかるし、時間をかけたわりに読み間違えたりするし、脳がぐったりと疲れるので、敗北感しか残らない。

マイクロソフトに来た当初、この問題をマネージャのプラグナに相談したら「最初は2時間かかるだろうけど、3カ月もしたら5分で終わるわよ」と言われたが、そもそも今の自分は最低でも4時間かかるが……と愕然としたものだ。

私は自分のキャリアの中で、OSS（オープンソースソフトウェア）の開発に関わることはあったが、巨大で複雑なコードベースを読んで理解する必要に迫られたことがほとんどなく、一からコードを書くのは得意だが、どうやったら他人のコードを読んでしっかり把握できるのかがよくわからなかったのだ。

当然、私は自分の周りのエンジニアたちにコツを聞いてまわったが、どうも要領を得ない。多分息を吸って吐くようにコードリーディングができてしまう人からすると、コツを改めて聞かれてもよくわからないようだ。

あるとき思い立って、入社間もない若い同僚のクーパーに聞いてみた。彼は、私が複雑すぎてうんざりしていた巨大なアーキテクチャにも怯《ひる》むことなく挑んでいて、しかも読むのがものすごく速い。悩みを相談すると、好青年のクーパーはこう言った。

「コードリーディングのコツは、極力読まないことですよ。他のデベロッパーのことを信頼して、実装はちゃんと動くものとする。だって、たくさんコード読むと、圧倒されちゃうでしょ？」

なるほど……目からウロコだった。自分はいつもコードを端から端まで読もうとして、細かく読んでいるうちに、自分がどこにいるのかわからなくなって混乱したり、忘れたり、脳が疲れ切ってしまうことが頻繁にあった。

これは、自分が低レベルだからだと思っていたが、どうやらそうではないようだ。私は常に自己評価が低い性格だが、「自分ができないからこうなのだ」という思い込みはたいてい大きな事実誤認を生む。本質は脳の使い方にあるようだ。

いかに脳みその負荷を減らすか

クーパーはさらにこう解説してくれた。

「実装は極力見ないようにして、インターフェイスと構造を理解するようにするんです。ダイヤグラムや、関係性のグラフを書いたりしながら。実装はちゃんとできていると信じて、読んでいるメソッドやクラスのインターフェイスの役割やパラメータをしっかり理解するようにしてるかな」

確かによくよく考えると、コードを読むのは本当に必要な部分（クラスの役割やパターン、インターフェイスの理解）で十分だ。**自分は理解するために端から端まで実装を読んでいたが、そうすると脳みそのCPUをフルに消費してしまう**。そして、肝心な部分に脳のリソースを使えないため、ひどく疲れる割に頭に入らないことに気づかされた。**読むことを減らして、脳に余裕を生む**——早速このクーパーメソッドに従って、コードリーディングしてみた。本来、構造的にややこしいはずだが、余計なコードは極力読まず、使っているインターフェイスだけを理解しようと努めてみる。すると、2時間もたたないうちにこう思った。

「楽勝じゃね？」

新規のコードベースや、そのプロジェクトと別のプロジェクトがどう関連しているのかはわからない。でも、それでよかったのだ。全部をゼロから理解するのは難しいから、不明な点は素直に人に聞いた。もちろん一部の実装コードは読んだが、普段と比べて脳の疲れが全くない。読む箇所が少ないのでつらくもなんともなく、正確に読めている。

プログラマにとって、コードリーディングの正確さとスピードは最重要な要素だが、やみくもに頑張るのではなく、いかに「自分の脳の負担を減らすか?」と考えるアプローチが非常に有効だったのだ。

人が「自分にとって難しすぎる」と感じるものには二つのケースがある。一つは、自分の基礎的な学力が足りていないもの。これは地道に積み上げるしかない。例えば私なら証明書の実装を自分で書けと言われたら初歩の勉強から始めないといけないだろう。でも、こんなケースはまずないし、そもそも手を出さなければ良い。

二つめは、自分が無理なやり方をしているケースだ。「自分には何かが足りない、才能が足りないから、こんなに大変」と思い込んでいる場合だ。**自分にとって難しすぎると感じるときは、たいてい脳の使い方が間違っているサイン**だ。

才能の差なのではなく、脳に余裕のない状態で酷使している可能性が高い。

仕事の難易度別で考える

この問題を仕事の難易度レベルにそって、さらに深掘りしてみよう。脳の使い方のアプローチがよりクリアになるはずだ。

レベル1：何もググらずに即座に実装できるもの。
レベル2：問題をどう解決するかはすぐに思いつくが、具体的な方法は忘れているので、ググる必要があるもの。
レベル3：自分は解法を知らないが、スパイクソリューション（課題把握のための大まかなプログラム）をしたらできそうなもの。
レベル4：自分だけでは解決が難しい、もしくはものすごく時間がかかるもの。

これまで私は、レベル4をクリアできるようにならねば、という焦りから必死に取り組むのだが、一人でやると丸一日つぶれたり、それでも理解が中途半端だったりすることがよくあった。自分のできなさ加減を思い知らされて、相当つらい気分になるし、仕事としての成果も出ない。

自分の実力を冷静に分析したとき、エバンジェリストやコンサルタント職が長かったおかげで、レベル2の知識は結構ある。例えばリフレクション、動的クラスローディング、コンカレントなプログラミングのコンセプトも「知っている」が、作業には「Googleが必

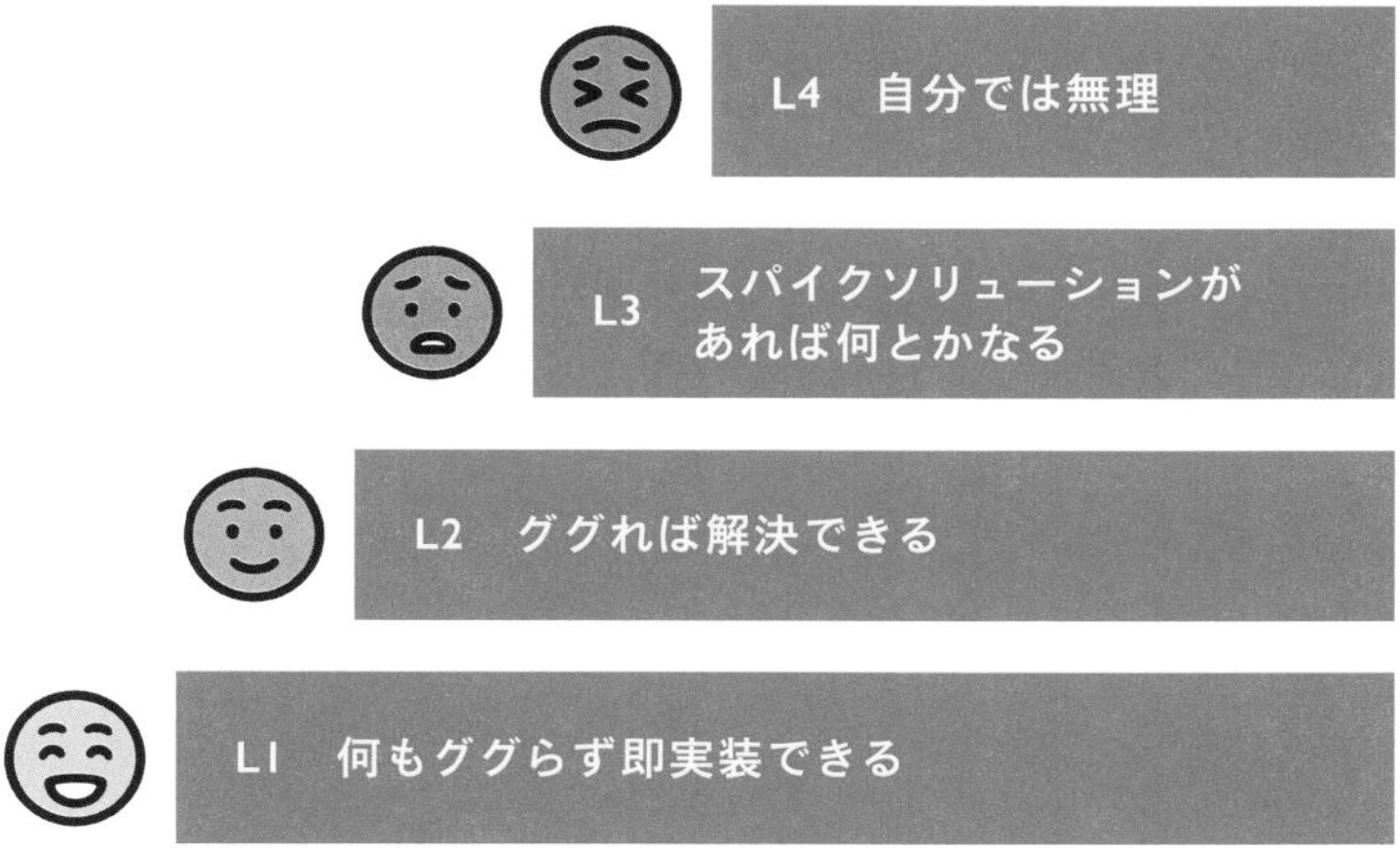
L4　自分では無理
L3　スパイクソリューションがあれば何とかなる
L2　ググれば解決できる
L1　何もググらず即実装できる

図9　仕事の難易度

要」である。

そこでふと、**生産性とはいかに「レベル1」を増やすかではないか**——レベル2がそこそこある私の場合、レベル3や4の増加を目指すよりも、レベル2案件をレベル1に向上させたほうが生産性が高いのではという気づきを得た。

コードリーディングが遅い根本的な原因は、コードを見たときにどういう挙動をするか明確にすぐにイメージできないか、もしくは構造の把握が下手だからだ。だが、レベル1のものが増えると脳の負担は激減する。

例えばプログラマなら、プログラミングを学んだら最初に出てくるものの一つFor ループ（プログラムを繰り返し実行する構文）の挙動は、誰でも自信を持てているだろう。このループを見て一瞬で把握できるような理解を、他のコーディングにも広げていけばよい。すると、もっと重要で細かい部分に目が配れるようになる。

構造の把握は、パターンやイディオムや、その言語のライブラリの癖に慣れてくると理解のスピードが上がるだろう。重要なことは、**自分がしんどいと思う「努力」は一切やめてしまうこと**。自分が「楽しくなくて、苦しい」と思うときは、「無理」があるサインだ。自分のレベルに合ってないことをやっても上達しない。

私が人生の趣味で唯一「できるようになった」ギターの例を考えると、究極のコツは「他の人がびっくりするようなスローなテンポ、自分が心地よく弾けるスピードで、メトロノームと一緒に練習する」ことだったが、これをプログラミングに当てはめると、自分が楽に取り組める難易度の低いもので練習すべきなのだ。

つまり、プログラミングの場合、レベル1の課題がもっともコントロール感がある。その水準のものでいいので、自分が何も見ずにさくさくコーディングできるものを増やしていく。

これは「自分の脳の負担を減らす」非常に合理的なアプローチだ。

レベル1の領域を増やしつつ、レベル3の仕事は素直にラーニングコースなどでさっと学んでしまうのがよいだろう。問題はレベル4がきたとき、どうしたらいいかだ。やらないのも一つの選択肢だ。自分には手に負えないことを素直に認めて、人に頼るのもいいし、その分野のラーニングをやることで底上げされてレベル3くらいまで理解が深まるかもしれない。

いずれにせよ**重要なのは、「今の自分では解けない」としっかり見極める**こと。自分のレベルが上がればいつの日かそれがレベル3の範囲になるかもしれないが、それまでは割り切って他の部分での生産性を最強にすればいいのだ。

「アウトカム」至上主義が上達を阻害する

長年、私は常に「アウトカム」を重視して、一日に一つ何か成果を出すのを目標に動いていたから、仕事は終わるまではやめないスタイルだった。このスタイルはコンサルタントの仕事には非常にフィットする。

だが、どうもプログラマの場合は違うのだ。**プログラマの場合は、細かい技術の積み重ねが勝負であって、コンサルティングのように具体的なサービスを提供するさいの「アウトカム」勝負ではない**。アウトカムに集中すると一時的にはよくても、中長期の「生産性」

は上がらないのだ。

例えば、ＡＩに書いてもらったり、既存のコードをコピペすればすぐにアウトカムを出せても、中身を理解していないからコントロールできてる感はないし、その後何度も調べることになり、応用が利かない。作業ばかりが続くので、自分が知らないことや、新しいことのキャッチアップなどもできない、つまり「成長していない」ということになる。

技術は地味な積み重ねにこそ真価が宿る。「何かを身につける」のは、決して即席ではできない。

時にはじゃぶじゃぶ時間を使うことだって必要だ。そうやって**技術を徹底的に理解し、理解した情報の整理をして、すぐに取り出せるレベル１の状態にしてこそ、長い目で見たさいの生産性は上がる**。だから、アウトカムを急いではいけない。

ポイントとしては、自分が新人だろうがベテランだろうが、うまくいってないものは「わかっていない」。基礎的なことがうまくできない段階で、下手に試行錯誤して自分流に考えてアレンジすると、かえってめちゃくちゃになって成功しない。王道を愚直に実行し、ゆっくりと基礎を理解しよう。

基本をできるようになった人は、自分の中で組み立てられたノウハウがあるし、重要なポイントがわかっているから、的確に思考することができる。

マルチタスクは生産性が最低なのでやらない

ここで現代のビジネスシーンでありがちな脳の酷使、マルチタスク環境について少し考えてみたい。

一日の中であれもこれもと種類の違う仕事がふりかかってきて、さらに打ち合わせや会議や電話応対など、差し込み仕事がどんどん入ってきて、同時並行でタスクをこなさないといけない場面を多くの人が経験しているはずだ。

私自身はマルチタスクがとても苦手だ。マイクロソフトでは、「電話番」と呼ばれるマルチタスク業務が尋常でない期間がある。普段はソフトウェアの開発に集中できるが、数週間に1週程度、お客さんから上がってくるインシデント（システムの問題や障害レポート）にのみ対応する期間があって、そうなると、複数のインシデントに対応しなければならず、いろいろな人から連絡が入り、開発側からのリリースもやらないといけなかったり等、マルチタスクが一気に押し寄せる。

そんな環境を乗り切るヒントをくれたのは、私より2つ上のポールという同僚だ。彼は世界トップクラスのプログラミング力の持ち主だが、一日がほぼ会議で埋まるほど忙しいはずなのに、驚くべき生産性で「電話番」もバンバンこなしていく。

彼を観察して気づいた私との大きな違いは、「WIP＝1」だ。

WIP（Work In Progress）とは、今手を付けている仕事のこと。つまり、**「WIP＝1」とは「今手を付けている仕事を一つに限定する」**ということだ。アジャイルコンサルタントだったときによく学んだ概念だ。ポールはどんなに忙しくても、一度に一つのことしかしないし、他の人以上に一つへの集中力が半端ない。

私の場合、例えばインシデントの解決支援のための会議が毎日ある。その間、自分に関係ない話は聞き流しながら別の作業をやっていたりする。正直なところ、さほど進まないのだが、仕事がたまっているから不安にかられてつい手を動かしてしまう。

ところが、ポールは会議で自分に関係ない話が続くところでも、一切ほかの作業をやらず、チャット返信すらしている様子がない。彼はその場で問題のあたりをつけたり、あたりがつかない場合も「これはほかの部署に転送しよう」「誰々さんに聞いてみよう。よしメールを書こう」と、とにかく「何かを進めよう」とする。

必ず問題をその場で解決する、もしくはステップを一つ進めているのだ。ここで学んだことは、次のポイントだ。

・どんなすごい人でも、時間がかかることはかかる。焦らずに時間をかける。
・30分から1時間を割り当てたら、そのこと「のみ」に取り組む。すぐに終わらないものは、人に問い合わせるなど、物事を進めておいて、待ち状態にして、次のタスクに進む。
・一つのことをやっているときは、他のことは一切せず集中する。
・一つのタスクを中断する場合、次に再開するときに、すぐにその状態に戻れるように記録したり、整理しておいたりする。
・タスクの残骸は消しておく——例えばブラウザのタブは、そのタスクが終わったら閉じて、必要なものは記録する（そうしないと、気移りしてしまう）。

つまり、「マルチタスク」はどんな人にとっても生産性が悪いので、「マルチタスク」をしないことが解なのだ。

人間の脳の発達を研究するワシントン大学の分子発生生物学者ジョン・メディナ氏によると、マルチタスクにより、「生産性が40％低下」「仕事を終えるまでにかかる時間が50％増加」「ミスの発生が50％増加」するという。

人間の脳はマルチタスクに向いた仕様になっていないのだ。

図10　マルチタスクは人間の脳に向いていない

PCも一見マルチタスクに見えるが、基本的に、CPUのコアが同時にやっているのは一つの作業なので、一つの作業をして、中断するときは、そのコンテキストを記録して、再開時に復活して作業を再開するのと似ている。確かに起動しているソフト（仕事）は複数ある。でも脳（CPU）のリソースはそのときどきで一つのことに使うほうがよい。

会議の時間なんてたかが知れている。その間に内職したってやれることは限られているし、ほかの人からチャットが来ても、30分、1時間後にまとめて対応する時間をとれば十分早いレスポンスじゃないか？「マルチタスク」はしないほうが絶対に脳の生産性が高まる。

一日4時間は自分だけの時間を確保する

優先順位の高い仕事には、それだけに集中する時間を意識的につくり出す必要がある。

私はある時期、組織改編にともない、技術エリアの引き継ぎが非常に多くて、同僚からの質問対応などによる中断が増え、自分のプライオリティが高いタスクの進捗が悪いと感じていた。そこで、一日の中でどのタスクにどのぐらい時間を使っているかを正確に計測してみたところ、なんとメインの仕事に90分しか使えていないことがわかった。

この問題をマネージャのプラグナに相談してみたら、技術イケメンたちがやっているある方法を教えてくれた。単純な話で、**毎日4時間をブロックして、Teamsもメールも一切閉じて、自分の作業だけをする**。

思えば、Teamsでチャットをすると、すぐに返してくれる人と、一日に1回ぐらいしか返さない人がいる。自分はすぐ返してくれた方がありがたいのでそうしていたけれど、キャリアが長い人になればなるほど、基本的に一日に1回ぐらいしか返答がない。彼らはみんないい成果を出している。自分はレスの速い人に助けられていたので、真似していた。

だが、彼女は教えてくれた。「マジックはない。自分の時間を確保するのは全然ＯＫ

よ！」（There is no magic. It's ok to book your time.）と。

正直、レスポンシブでなくなることに罪悪感があったが、思い切ってやってみることにした。

すると、驚くほど仕事が進捗する。その4時間に脳がシングルタスクで最大限集中できるから、効率がいいのだ。

キャリアが長くなればなるほど、自分がコンテキストを持っている分野が増えるから、他の人をサポートする仕事も増える。それを他の人にシェアしてあげるのは立派な仕事なのだが、自分のプライオリティの高い仕事が進まないのであれば、意味がない。

だから一日4時間を専有的に確保し、その他の時間に、ほかの対応をする時間割とするのは非常に合理的だ。そこでGitHubの課題やメールをまとめて返す時間にする。ブロックしている時間以外はレスポンシブに返すようにすれば、他のメンバーの業務が滞ることもない。

大前研一氏は、何かを変えたいときは、「住むところ」「付き合う人」「時間配分」のいずれかを変えるべきで、それ以外は意味がないという考察をしていた。私自身は今の住まいが気に入っているし、職場の同僚たちが大好きなので、すると残りは「時間配分」しかない。**時間のアサインメントを工夫するしかない**のだ。

同僚に技術力ナンバーワンのバーラという秀才がいる。彼はあまりに何でも知っていて優秀だから、周りからは「オラクル」と呼ばれているほどだ。

リモートで働いている期間、彼は1回もビデオをオンにしないので、誰も顔を知らず、Botじゃね？　と冗談が交わされるほどであった。ところが、最近そのバーラが会社に毎日来るようになった。彼は毎日夕方ぐらいに来て、そこからプログラミングをしている。

今までリモートで彼の働き方がわからなかったが、普段から彼は異常にレスポンスが良い。彼に質問したらいつでもすぐに回答をくれるし、大量にメンションされるE-mailにも丁寧に返答している。いつもどうやって開発しているのだろうと思っていたが、私が「なんで夕方に来るの？」と尋ねたらこう返ってきた。

「今ぐらいの時間までたいていミーティングが乱立しているんだ。ミーティングはどうしてもリモートになるから、オフィスよりも家のほうが効率が良い。だからだよ」

えっ、それって人の2倍働いてるってことか！　昼間は会議とか質問対応で仕事にならないから、夕方から来て誰にも邪魔されない時間に開発していたとは……。

彼ほどの秀才もマルチタスクを避けて、プログラミングに集中する時間をアサインメントしているのはちょっとした衝撃だった。

なぜ同僚たちは「記憶力」がいいのだろう

さて、ここで多くの人が関心のある「記憶力」の問題にフォーカスしたい。仕事ができる人は記憶力がいい人がほとんどなので、私は長年この方面にもコンプレックスを感じていた。

自分のバディのヴィンセントを見ても、キャリアは長くないが、一つひとつの物事を理解してやり遂げるのが速く、細かいことを非常によく覚えている。人生で出会ったもっとも賢い男ポールはもう意味不明なくらい記憶力があって、なんでも明確に答える。マネージャのプラグナは、資料なしの会議でも情報をクリアに整理して、解像度高く物事を把握している。

記憶力のよさが彼らの仕事のスピード感を生んでいることは確かだ。コンピュータの挙動に置き換えてみても、メモリ容量の大きいコンピュータは動作が速い。メモリが少ないと、データの読み出しにも、作業時にもいちいち動作が遅くなるものだ。

私は以前、ＡＤＨＤと診断されたこともあり、この障害は脳の短期記憶の領域が少ない。それもあって記憶することが苦手で、例えば大事な情報はどこかに書いておくとかして、極力自分の脳のメモリを専有するのを避けてきた。でもよくよく考えれば、そんな自分も受験のときはしっかり勉強しているので、大学に合格する程度には記憶できるはずだ。

このことを考えると、なぜ自分がコンサルタント、エバンジェリストとしては成功したのかがはっきりと見えてきた。

これら「自分がやらない」職業に関しては、記憶力のよさはいらない。コンサルタントの、いわゆるクイック&ダーティの世界では、記憶力やその緻密さはさほど必要ないのだ。勉強は必要だが、新しいことの概要を素早くつかむ能力が重要で、学びそのものは細かくある必要はない。むしろ記憶力があまり達者でないほうが古いことにこだわらずさっさと次に向かって進めるので「向いている」とすら言える。

私のようなタイプの人は、記憶が厳密でなくても回せる職につくと楽しくやっていけるだろう。事実、私もそれらの職種では〝努力〟した覚えがない。

しかし、自分がやりたいのは「プログラマ」であって、子供の頃からの執念であり夢だ。だから、自分のネイチャーに反して、「記憶」という大問題に真剣に向き合うことにしたのだ。

同僚やマネージャは、はるか前に書いたコードについても、私が聞いたらすぐにレスをくれるし、オンラインの会議でコードやアーキテクチャに関してディスカッションしても効率よくやれる。

なぜ彼らは記憶力がいいのだろう？　私なんて、つい先日自分で書いたPull Requestのコードですら、すっと思い出せないことが多いのに。

これを突き詰めて考えたとき、ふと頭に思い浮かんだのは「もしかすると、これも理解の浅さが原因じゃないだろうか？」ということだった。

つまり、私がアドリブではうまく説明できないのも、あまりディテールを覚えていないのも、実は十分に理解できていないからではないだろうか。

自分がコードを書いて、既存のデザインを変更し、各種テストもしっかり通して、新たに動くと確信を持てるコードを書いたのであれば、大抵「理解しているだろう」と思いこんでいる。だが、試しに書いたコードについて口頭で説明しようとしても、曖昧模糊として、全然うまく伝えられない。

「そうか、自分がやったからといって、理解できてるとは限らないんだ」という事実に行き着いた。

そこで、時間は気にせず、**自分がやったことをクリアに説明できるよう時間をかけて言語化してみる**。すると、いろいろな箇所で「あれ、俺なんでここでこうしたんだっけ？」「ここって、他の実装でもいけないかな?」「この部分って、こういうペイロードが来たら破綻するのでは?」と疑問点が湧いてきた。

結果的に、書いたコードを書き換える必要はなかったが、説明のためにコードを見なおして整理して考えると、自動テストを通すことによって、動いているけど「わかっていない」部分をたくさん発見した。

また、**説明可能にするということは、構造を整理して把握して、脳のメモリに乗せる必要がある。**

先に、「どうしたらそんなに細かいところまで把握できるのか?」という私の疑問に対し、スキップマネージャのアニルーダが「メンタルモデルをつくる」ことだと示唆してくれたエピソードを紹介したが、まさにメンタルモデルを使った構造的な把握こそがそのまま記憶にも直結する。

逆にいえば、メンタルモデルを脳内に作成するためには、単にやって終わりではなく、細かいところまで自分で「ハンドル」できるレベルまで理解して、整理する必要がある。つまりレベル1の領域だ。そのためには単に「できた」ではなく、少なくとも「説明可能か?」というセルフチェックを入れたほうがよい。

人に説明可能な状態にもっていく訓練として最良の手段の一つは、**ブログを書いてみる**ことだ。

私のプログラミング師匠かずきさんにプログラミングの上達のコツを聞いたときに言っていたことが、「新しい技術を学んだら、ブログを書く。サンプルコードはそのまま使うのではなく、自分なりに変えたものをつくる」。つまり、人に説明可能なレベルで記述することが理解を深め、記憶を定着させるのに非常に有効な手段なのだ。私がよくnoteやブログに雑記を書いているのも、自分の気づきを脳内整理して記憶するためにやっている側面が強い。

「書く」すすめ

人間が記憶をするために有効な方法は、シンプルに**「思い出そうと頑張る」**ことだ。私はこの方面への苦手意識が強かったが、これを理解してから記憶力が大きく改善された。

例えば歌の歌詞を覚えようとする。今までは、何回も通しで繰り返し書いたり、何回も歌を聴いたりしても一向に覚えることができなかった。

そこで、何回か歌を聞いたら、最初から少しずつ歌詞を思い出すようにしてみた。最初の小節を思い出す、それができたら次も記憶から呼び覚まそうとする。全部いっきにやらずに、少しずつ「思い出す」ようにする。すると以前は全然覚えられなかったのに、今は1日あれば歌詞が暗記できるようになったのだ。

さらにこの理論を応用したノートの書き方がある。「コーネルメソッド」という比較的有名な方法だが、「ノート／キュー／サマリー」の形式で作業を記録し、その日の終わりに整理し、**「作業内容を人にそらで説明できるかどうか」を記憶できたかのチェックポイントにしている**。例えばコンピュータの新しい操作方法を覚えたとする。ただノートに書きとめるだけではなく、アウトプットを意識したコーネルメソッドの方法で書くのがおすすめだ（図11参照）。

1　「ノート」のエリアには、ノートを取りながら学ぶのではなく、自分が学んだことを後から思い出しながら要点を書くのがポイント。例えばオンライン会議でウィンドウズの画面が映らなくて苦労して、いろいろ調べて解決したとき、そのプロセスを思い出して整理して書く。箇条書きでもいいし、簡単な図を入れてもいい。

2　「キュー」（きっかけ）には、自分が学んだことにつながる質問を書いておく。例えばウィンドウズで画面がうまく映らない場合に、できることは何か？　など。

3 「サマリー」には、後日振り返ったときに、要約を書く。この場合なら、トラブルの原因と解決法の簡潔なまとめだ。

3つに区分けして書く。たったそれだけのことが、仕事においてかなり有効だ。最初からアウトプットを意識したこの記述の仕方だと、理解のレベルが自然と深くなり、驚くほど記憶の定着率が高まる。

記憶に関するもう一つの重要な要素は、**記憶しやすくなる復習のタイミングを習慣化する**という点だ。覚えたら翌日、そして1週間後に振り返るとよいだろう。

有名な「エビングハウスの忘却曲線」を踏まえてもそのほうが合理的だし、カナダのウォータールー大学の、24時間以内に10分間復習すれば記憶は100%戻るという研究発表もある。

コーネルメソッドのメリットは、復習で思い出す練習もしやすいことだ。私はこの方法でノートを書く癖をつけて、次の日に見直して、覚えているか確認するようにした結果、仕事の記憶の解像度がくっきりと上がってきたのを実感している。

自分の作業をいつでも明確にわかりやすく人に説明するスキルは、非常に重要だ。自分

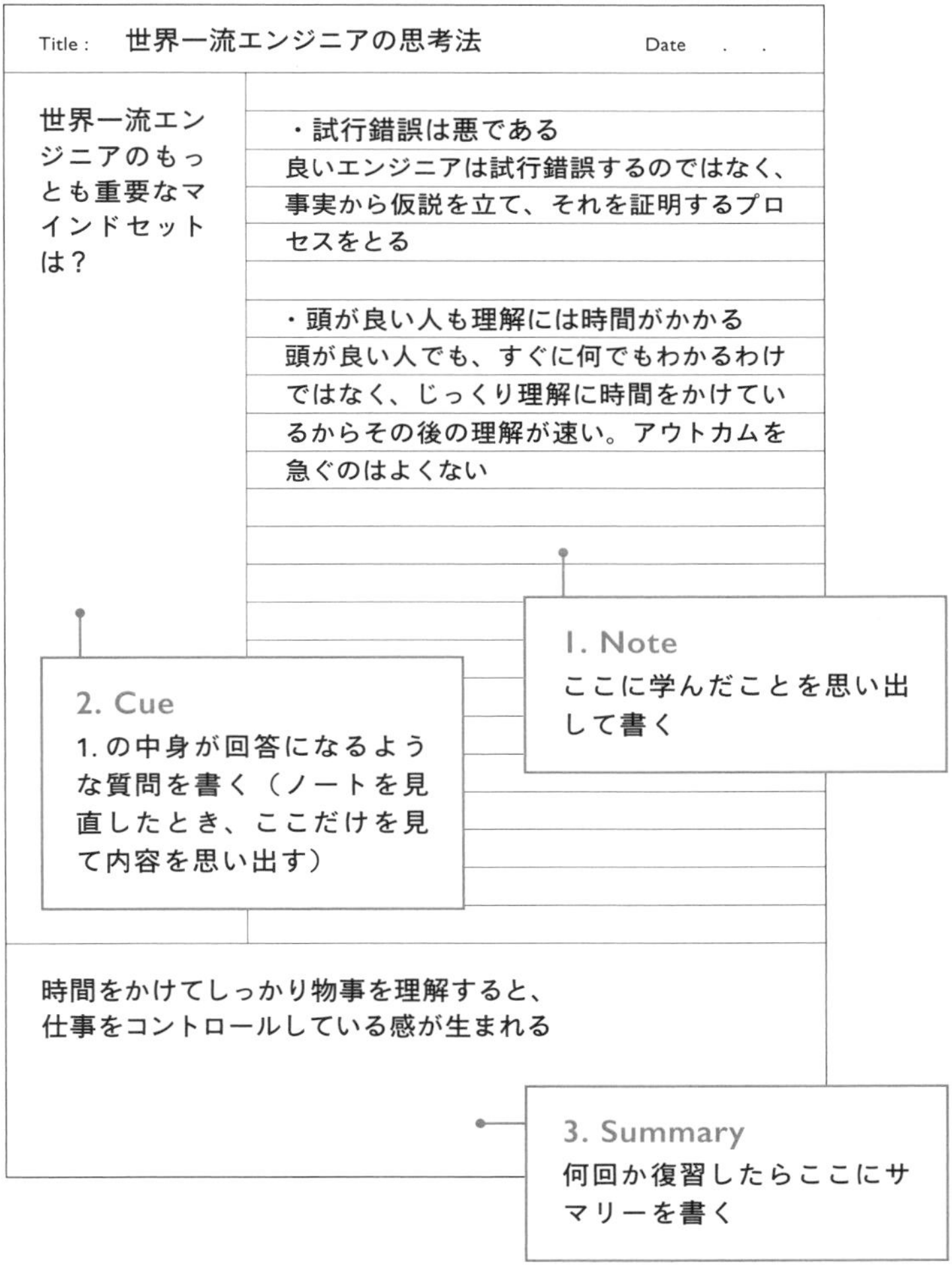

図11　コーネルメソッドのノート例

の知っているコードベースというものは全体の一部なので、どうしても人に引き継いだり、エキスパートにものを尋ねる場面がよく発生する。日頃から伝達を意識した記録のつけ方をしていると、多くの時間が節約できるのは言うまでもない。

頭の中のみで整理する

次に私が実施した訓練は、「頭の中のみで整理する」ことだった。

なぜならイケてる同僚たちはみな共通して、ノートやパソコンを使わずに「頭の中で考えを整理する」のが得意だったからだ。

背景を説明すると、私がアメリカで働き始めて一番困惑したことは、みんな何でも「口頭」で済ませようとすることだった。会議は準備なしにレジュメもないまま、みんなどんどんしゃべってそこで決定して「はい終了」。英語の環境なので、これは相当つらい。日本語のときですら、自分はしっかり資料の準備をして会議に臨む方だったからなおさらだ。

口頭のディスカッションでもみんなちゃんと理解できているのはなぜだろう？　頭のつくりが根本的に違うのか？　悩んでいた私に、スキップマネージャのアニルーダはアドバイスをくれた。

「どうやって複雑なことをその場で理解するかだって？　それは頭の中にフレームワークをつくって考えるんだよ」

なるほど。アニルーダのいうフレームワークとは、たびたび言及してきたメンタルモデルのことである。

私は元コンサルだから、５Ｗ１Ｈや、ＭＥＣＥ（漏れなく、ダブりなく）、システム思考のようなフレームワークはアレンジして使っていた。ただし、紙やＰＣ（マインドマップ等）に書き出してだ。「見える化」が好きだったのでそうしていたが、今まで一度も、「頭の中のみで物事を整理する」訓練をしていないことに気づかされた。

これは、幼少の頃からの記憶への苦手意識と、大阪出身者特有の「急ぎ癖」が関係していると思う。イラチになんでも「早くやらないと」と思う癖があり、何事もよく考えずに、前にやった方法ですぐにやることが習慣になっていた。

結果、「複数のことを同時にやって生産性が落ちる」マルチタスク癖につながり、理解しないまま作業を進め、記憶力に自信がないからすぐ紙に書く。だからいつまでたっても仕事をコントロールできている実感が生まれないし、効率のいいアウトカムも生まれないというわけだ。

そこで私が実施した「頭の中のみで整理する」訓練は次の通りだ。

1　ミーティングの議事をその場で書かない。
2　人の話を聞くときは、他の人に説明することを想定して、聞きながら頭の中で整理する。
3　文章を書き出して考えるのではなく、頭の中で考えて、完全に整理し終えてから文章に書く。

1の「ミーティングの議事をその場で書かない」は、先ほどの「ノート/キュー/サマリー」の整理法とも呼応している。簡単なメモは取ってもいいが、文字に頼らず、「その場で記憶までする」つもりで聞くと、理解しないと無理なので、明確でないことはすぐ確認するようになる。頭で整理しながら聞く。そうすれば、あとから要点を紙に書くときは頭で整理できた内容になっている。

2の、アウトプットを前提にした聞き方は、地味だが非常に有効だった。私は教会の礼拝に行くとき、英語が難しすぎて内容がわからないということがよくあり、予習の準備が大変だった。だがあるとき予習ができず、普通だったらほぼ内容がわからないはずの場面でこのやり方を適用してみたら、英語力は何ひとつ変わらないのにクリアに理解できた。

「後で人に説明する」ことを意識するだけでも、相当集中力や記憶力が向上する。準備もしなくていいので、これはとても楽だ。

私の場合、**話を聞きながらビジュアルのイメージをつくったりメンタルモデルを脳の中で視覚化したりして**、自分が理解できているか確認するのが有効だった。例えばトラブルシューティングのディスカッションが行われているとする。システム思考で全体の構造、各要素の関係性をパワポで作画するかのごとく、相手の話から即座に脳内にイメージをつくり上げていくのである。

すると、普段だったらノートに書いても後で見返すこともなく忘れたり、そもそも理解できないような場面でも、メンタルモデルをもとに頭だけで整理して記憶できるようになってきた。

驚くことに、数カ月もしたら、ノートに書く必要すら感じなくなったのだ。この調子で、コードベースなど今まで一ミリも記憶しようとしてこなかったことも覚えていけたら相当効率が上がるのではないか、と日々大きな手応えを感じている。

必ずしも記憶が得意ではなく、いろいろな思考がうずまいて整理するのが苦手な人も、訓練すればそれなりにできるようになる。「頭だけで整理して記憶する」訓練というのは、私の中で、記憶力向上のファイナルアンサーだ。

理解・記憶・反復という黄金則

最後に整理すると、物事をできるようになるには三つのファクターが外せない。

・理解
・記憶
・反復

まず時間をかけて基本と構造を「理解」しないと、決してコントロールできるようにはならない。頭の中で整理された状態で「記憶」しないと、何回も思い出す必要や調べなおす必要があるので、時間ばかりかかって確信が持てなくなる。最後に、整理して頭に入ったら、あとはそれをいつでも取り出せるよう「反復」に時間をかける。

これらすべてに底流するのが、**脳の負荷を減らす**、という発想だ。ベーシックな理解が深いとさほどの負荷もなく記憶しやすく、しかもメンタルモデルを使ったイメージで構造的に要点を把握してしまえば圧倒的に楽だ。翌日見返すのも、記憶の定着を考えたときに結局はもっとも脳が楽だからだ。それが理解↓記憶↓反復の好循環を生む。

最後にちょっと気が楽になるエピソードを紹介したい。ここまで技術イケメンたちの突出した話ばかりが出てきたが、クリスとコードリーディングの話をしていたときのこと。彼が突然、「自分の知らないコードベースの場合、コピー&ペーストして改造するよ。そっちのほうが理解できてなくてもアウトカムが出るからね」と言う。

一流の人でも邪道のコピペをすることがあるんだと思って、ひっくり返りそうになった。続けて彼は「でも、自分がつくったコードならどこに何があるかすぐわかるよね」と。

つまり技術イケメンであっても、複雑なものは複雑なのだ。でも、自分がゼロからつくったコードならすぐに理解できる。人間の脳の力にそんなに違いがあるわけではない。このクリスとの会話は大きな励みになり、自分の中でのブレークスルーとなった。

脳の使い方の合理的な仕組みを理解すると、かなり楽ができそうだ。

自分がしんどいと思う「努力」は一切やめてしまうこと。そんな決意から私は〝ハッピーコーディング！〟の世界がひらけた。最初はちょっとハードルが高いかもしれないが、ぜひ皆さんも挑戦してみてほしい。

COLUMN

海外のテック企業に就職するには

もしあなたが、マイクロソフト、アマゾン、グーグルといった大手テック企業に入ってアメリカで勤務したいと思うなら、おすすめの経路は、まずその日本法人に就職することだ。新卒の場合はハードルが高いかもしれないが、中途でキャリアがあるなら、日本でも様々なオープンポジションがある。なんとなく無理そうとか、英語が……と思うかもしれないが、今時英語をしゃべれるようになる方法はいくらでもある。私も帰国子女ではないし、40代になってから本格的に英語を勉強した口だ（拙著『ITエンジニアのゼロから始める英語勉強法』を参照）。短期間で英会話力をアップする方法についてはいろいろと研究され尽くしているので、YouTubeでも本でも見て、自分が続けられるものを試してほしい。

意外と**外資系の会社は「TOEICの点数」を気にしていない**。私も履歴書に書かなかったし、聞かれもしなかった。でも、面接でアメリカ人と会話するので、**普通に「おしゃべり」ができるのは重要**だと思う。私は野良で勉強しただけだが、スピーキングは得意だったので問題なかった。

まずそうした会話を中心とした英語力をある程度上げたら、あとはチャレンジするのみ。外資系企業にいても英語がめちゃくちゃな人はたくさんいるので、恐れる必要はない。落ちても何回もチャレンジしたらいいだけだろう。重要なのはそれらの企業が求めているスキルなので、そのスキルの水準を満たしていればよい。例えば私のときは、求められているのはプレゼン力やクラウドの知識だったので、そこはしっかり勉強しておいた。

英語をペラペラしゃべるのと、真の英語力は別物で、後者の習得には時間がかかるがそれは現地に行ってからゆっくり育めばいい。

実は米国で勤務するために、もっとも高いハードルは「ビザ」を取ることだ。本当にみんな苦労しているが、私はしていない。なぜなら会社が全部サポートしてくれたからだ。

日本の法人には、**「日本で勤務するが、上司は本社」みたいなポジションがあり、ここが狙い目**だ。このポジションは常に海外のノリで仕事ができるので、本当に快適。日本の仕事の100倍楽で楽しい！

そんなポジションで採用されたら、「自分は将来ぜひ米国で働きたい」と言っておく。すぐにかなえられるわけではないが、予算が付いたときに日頃から頑張っていればリロケーションさせてくれる。タイミングはそれぞれだが、皆さんが思っているよりもずっと確率は高い。

しかも最高なのが、リロケーションになったら、ビザの手配、引っ越し、住むところの確保、車の確保、運転免許、ソーシャルセキュリティカード、銀行口座の開設と、米国で働いている人がみんな苦労するところを会社が丸ごとやってくれること。着任後にグリーンカード取得のプロセスまで始めてくれるので至れり尽くせりだ。これを自分でやると相当煩雑で大変だろう。もちろん、努力せずに至れるルートではないが、アメリカで働きたいという夢があるなら、英会話を日々練習して、海外に上司がいるポジションを探してそこに行けばよい。

そんなのは、英語がものすごくできる人だけがアクセスできる狭き門だと感じるかもしれない。しかしそんなことはなく、**テック企業からしたら、技術も英語も両方できる人はレアキャラ**なのだ。英語力ボロボロなエンジニアも結構いるが、重宝されている。だから、高度な英語力でなくてもいいので、臆せずに、外資そして海外勤務へのチャレンジをしてみてほしい。

とくにエンジニアであれば、米国の本社勤務はすごく楽しいだろう。日本では絶対にないようなグローバル規模のサービスの開発などができるのだから！

第4章

コミュニケーションの極意

——伝え方・聞き方・ディスカッション

「情報量を減らす」大切さ

アメリカで発見したのが、対クライアントでも社内でのやりとりでも「脳の負荷を減らす」端的なコミュニケーションが喜ばれるという事実だった。

とくにエンジニアの人には「情報が少ない」ほうが好まれる。**たくさん情報があっても消化できないだろう？という感覚**。それはプレゼンテーションや会議に限らず、日常業務のコミュニケーションでもそうだ。

最初、私はそのカルチャーがまったくわからずに右往左往した。日本ではコンサルタントとしてプレゼンは上位評価を受けていたし、話でお客さんを惹きつけるのも得意だったから、コミュニケーションスキルに自信をもっていた。ところが、アメリカに移住すると、これが死ぬほど通用しなかった。最初は英語力の問題かと思ったが、そうではない。

どうやら私の話は盛りだくさん過ぎて、「わかりにくい」ようなのだ。

日本では「情報が多い」と喜んでもらえるので、もちろんわかりやすく整理したうえで、相手が知りたそうな情報は全部盛り込んでいた。例えば聴衆を前に技術プレゼンをするときにも、初心者も上級者も「来てよかったなー」と思えるよう、ドキュメントからサンプルアプリケーションまで用意して、しっかり「お得感」を感じてもらえるようにしていた。総じて、日本で評価の高いプレゼンテーションでスライド枚数の少ないものはまずない。

同僚とのコミュニケーション一つとっても劇的な違いがあった。

例えばCI（継続的インテグレーション）のパイプラインが突然エラーで落ちて原因がわからないとする。日本だったら、「こんなエラーメッセージが出て、バージョンがどれで、自分はこれとこれを試して、結果がこうなった。これこれをやると落とし穴にハマるから避けてね。ちなみに、パイプラインのコードはこのPull Requestで追加したものです」とすべての情報を整理して送ってあげると喜ばれた。

しかしアメリカで似たようなことをすると、メッセージを送っても無視されるのだ。メンターのクリスに相談してみたところこんなことを言われた。

「みんな忙しいだけ。たくさん書いてあると読むの大変じゃない？　もっと単純なのでいいよ」

私が絶句して、例えば「これをやったらハマる」落とし穴の情報を伝えなくてもいいのかと聞くと、

「要らないよ。さっきの例だと、このエラーメッセージが出てるけど、なんか知ってる？ぐらいでOK。**付加的な情報は聞かれたときでいいよ**」

つまり、日本では喜ばれた情報がむしろ余分な情報になっていたわけだ。

思い返せば、インターナショナルチームの人たちの会話は、具体的にはこんな感じだ。

「CIシステムでこんなエラーメッセージが出て困ってるけど、なんか知ってる?」

「ああ、これ前にもあった。この設定、今どうしてる?」

このやり取りでことがすめば、以上。もし終わらなかったら、

「調査が必要だな。このパラメータどうなってる?」

「こうしてるよ。よかったら、Pull RequestのURL送るけど」

「いいね、見てみるわ」

「ちなみに、これやるとバグ踏むから、気をつけてね」

「ありがとう!」

といった感じだ。つまり、**最初から全部説明せず、「情報量を減らす」コミュニケーションの仕方がすごく重要**だったのだ。

それを知ってからは、会話の中で情報を盛り込み過ぎないよう十分気を使うようになった。

何かの技術を伝えるにあたって、パワーポイントで説明する場合でも、スライドの枚数を極限まで絞って、「これだけはわかって欲しい」と思う一点だけを説明し、質問が来たら

追加説明するスタイルに変えた。これは良し悪しというよりは伝え方の文化なのだが、どちらが脳にとって本質的に楽かを考えると、慣れるとアメリカンスタイルのほうがはるかにストレスフリーだ。

彼らの背景にあるのは、「その場で吸収できることを最大化したい」というスタンスだ。複雑なものを一気に提供されてもその場で理解しきれないので、単純にリアルタイムに理解できる適切な情報量が好まれる。

インターナショナルチームでは、必要以上に脳に負荷をかけない伝え方がスタンダードになっている。

準備は効く――伝え方のコツ

ただし、プレゼンテーション等に関して、日本人特有の仕事の習慣が有利に働く側面もある。

それは**「準備」の力**だ。先述してきたように会議でもチームへのプレゼンでも、アメリカ人はほぼ「準備」しない。その代わり何が来ても対応できるように、普段から反射神経を鍛えている節がある。その姿勢は見習いたいが、第二言語の英語である以上、非ネイティブが同じ土俵で勝負してもやはり戦闘力不足は否めない。

実は日本で鍛えられた丁寧な「準備」と「改善」の精神は、プレゼンテーションでは意外な強みを発揮する。

ある日、最高に頭のいいメンバーたちを前に、技術的な説明をしたことがあった。難易度の高いところから順に、すべてのパターンやプラクティス、リポジトリ〈プログラムの保管場所〉の構造を知っている前提で話したが、今ひとつ反応がよくない。途中でふと、「まさか、みんなよくわかってない?」と気づいた。そこで学んだことは、ものすごく賢い人たちでも技術の中身は即座に理解できるわけではないということだった。

だから2回目に説明するときはよく準備して、**情報を最小にし、「簡単なこと」をしっかり説明する**ようにした。つまり、**理解してもらうことに丁寧に時間をかける**。

すると、ここからが彼らは違った。情報量をコントロールして、筋道立てて基礎的なことから説明すると、一瞬で理解して、鋭い質問がバンバン飛んできたのだ。

こうしたタイプの〈本質的な理解をうながす〉高度にコントロールされた最小のプレゼンテーションは、おそらくはアメリカ式の「アドリブ」でやるのは難しい。非ネイティブならなおさらだ。

私はプレゼンテーションにさらに改善を重ね、アーキテクチャの説明に、パワーポイントで3分くらいの動画にまとめたものをつくってシェアするようにした。大変好評で、出席者たちからは「これは他のチームメンバーも見るべきだよ」と嬉しいコメントをたくさんもらった。

このようなパワーポイントのつくり方に関しても日米で好みの違いがある。日本人は図や概念図のようなビジュアルを好むが、アメリカ人は大きめで少ない文字が好み。ただし、難しい概念の場合、アニメーションにしてあげると、視点誘導をしやすいので、日米ともに喜ばれる。米国の場合、スライドに書いてあることを読み上げて同じ説明するのは好まれず、必然的にたくさん口頭で説明することになる。

日本のほうはあとで見てわかるように情報がしっかりのっているのが好まれる。

私は「その場の思考の瞬発力」が不得手だ。日本人は持ち帰って考える癖があるので、瞬発で考えるのがあまり得意ではない。でもドリューというボスが言っていた。

「それでいいんだよ。もしあとでいいアイデアを思いついたら、そのときシェアしてくれたらいいから」と。それであとからメールしたりすると「いいアイデアだね」と喜ばれることがよくあった。

「準備」と「持ち帰り」が習い性になると生産性を落とすので、第2章でおすすめした通りなるべくその場で解決するのが望ましいが、優先順位の高い案件を持ち帰ってしっかり練るのは決して悪いことではない。

インターナショナルなチームは、多様な人種・国籍の人たちが集まるので、個々人は違うという認識が当たり前のように共有されている。その中で自分の強みとなるスタイルを磨くことが、アウトカムを出すうえで武器になるのだ。

相手が求めている情報への感度を研ぎ澄ます

「相手が本当に欲しい情報は何か？」——これを普段から意識しておくことが、生産性を抜本的に向上させる鍵となる。

プリンシパルエンジニアのグレナは、Functionsチームの中でもひときわ優秀さが際立つ若手だ。開発スピードは速くて正確、システムの隅々まで把握していて、なにか問い合わせをすると、いつも一発で完璧に的を射た回答が返ってくる。

実際、自分が問題を解決する側になったときに、的確な回答をするのはなかなか難しい。相手がどういう環境なのかわからないし、ログを見ても様々なエラーが発生していて、どれが今回の問題にヒットしているのかもわからない。そんな複雑な状況下で、根本原因を突き止めるために、普通は何往復もメールやチャットをやり取りすることになるわけだが、彼女はいつもその反復が1回で、「正解」に至るのだ。

メンターのクリスに「彼女はなぜあんなに優秀なんだろう?」と聞いたら、「彼女を参考にしてはいけないよ。だって、彼女はインターンの頃から抜きん出ていたから。ただし、彼女はいつもメモをとっているね」と言う。

彼女がなぜ魔法のようにピタリと根本原因をつきとめられるのかは不明だが、この**「メモをとる」習慣**は真似できそうだ。彼女は、自分が学んだこと、試したことを整理してOneNoteというクラウドで共有されるメモシステムに登録し、みんなにシェアしてくれている。

私がメモをとるときは、つい「自分用の、自分がわかるため」の書き方をしがちだが、彼女のメモは、見る人が欲しい情報はこれだろうという形で整理されている。

エンジニアは開発だけではなく、他の人からの問い合わせ対応、障害の調査などにもかなりの時間を割かざるを得ず、引き継ぎも定期的に発生するものだ。これらは意外に労力がかかる。

だったら最初から、他の人が欲しい情報をわかりやすい形式で整理しておくのが合理的だ。便利なクエリ（命令文のコード）を説明のコメント付きで書いておき、コピペしたらす

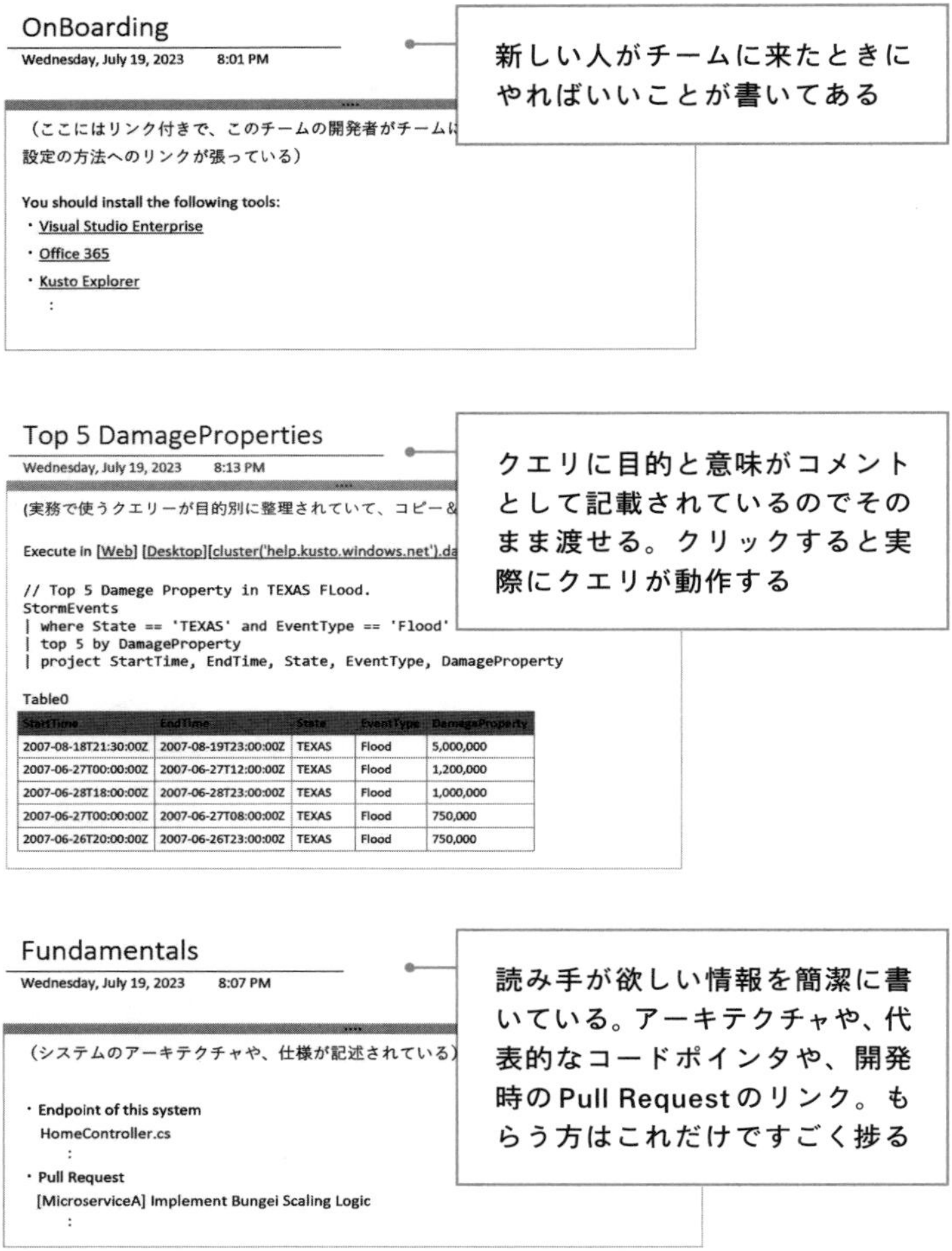
OnBoarding
Wednesday, July 19, 2023 8:01 PM
新しい人がチームに来たときにやればいいことが書いてある
（ここにはリンク付きで、このチームの開発者がチームに
設定の方法へのリンクが張っている）
You should install the following tools:
・Visual Studio Enterprise
・Office 365
・Kusto Explorer
Top 5 DamageProperties
Wednesday, July 19, 2023 8:13 PM
クエリに目的と意味がコメントとして記載されているのでそのまま渡せる。クリックすると実際にクエリが動作する
(実務で使うクエリーが目的別に整理されていて、コピー&
Execute in [Web] [Desktop][cluster('help.kusto.windows.net').da
// Top 5 Damege Property in TEXAS FLood.
StormEvents
| where State == 'TEXAS' and EventType == 'Flood'
| top 5 by DamageProperty
| project StartTime, EndTime, State, EventType, DamageProperty
Table0
2007-08-18T21:30:00Z 2007-08-19T23:00:00Z TEXAS Flood 5,000,000
2007-06-27T00:00:00Z 2007-06-27T12:00:00Z TEXAS Flood 1,200,000
2007-06-28T18:00:00Z 2007-06-28T23:00:00Z TEXAS Flood 1,000,000
2007-06-27T00:00:00Z 2007-06-27T08:00:00Z TEXAS Flood 750,000
2007-06-26T20:00:00Z 2007-06-26T23:00:00Z TEXAS Flood 750,000
Fundamentals
Wednesday, July 19, 2023 8:07 PM
読み手が欲しい情報を簡潔に書いている。アーキテクチャや、代表的なコードポインタや、開発時のPull Requestのリンク。もらう方はこれだけですごく捗る
（システムのアーキテクチャや、仕様が記述されている）
・Endpoint of this system
HomeController.cs
・Pull Request
[MicroserviceA] Implement Bungei Scaling Logic

図12　見る人を意識したメモの例

ぐ渡せるようにしておいたり、参考になりやすいPull Requestをすぐ引き出せるようにまとめておいたりする。前章で紹介したコーネルメソッドなども参考にしつつ、ケースバイケースでわかりやすい形式で、メモやノートをとる。

このように、**日頃から人に伝えることを前提とした準備をしておくと、なにか聞かれたさいの工数削減**にも直結する。ソフトウエアエンジニアは、開発の効率化ばかり考えがちだが、こうした「自分が主体ではない」タスクの省力化をしていると、自分が好きな「開発」にもっと時間を使えるようになる。

私自身、他の人にシェアできる形式を意識して文書を書いて、リンクひとつでシェアできるようにしている。そこは時間を惜しまずやるようにしているのも、必要に応じてそのリンクをシェアするだけで終了するからだ。

コードを「読み物」として扱う

関連して、もう一つ面白い気づきを得た経験があった。私たちはコードを書くさい、Pull Requestという仕組みを使う。自分が書いたソフトウエアを、誰かがレビューして、それが承認されたらその変更分がシステムに統合されるという流れだ。

私がこのPull Requestを書くと、いつも多くのコメントがついて、対応に追われることになる。ここをこうしてほしいとか、ログのメッセージをこう変えてとか言われる。実際コードを書いてテストをするのに2時間ぐらいかかったとして、このコメントの変更依頼のやり取りで1週間ぐらいかかることが多い。この繰り返しが正直、私は嫌いだ。

しかし、優秀なグレナは大抵数回の繰り返しで終わる。コメントも少ない。

彼女との違いがわからず、自分なりにいろいろ工夫を重ねたが、まったく改善されない。物事を複雑にしていたのが、その要因が「私の知識不足」ではないことだった。

私に何らかの知識や理解が足りないのなら、それを学べばいいだけだ。しかし、指摘されている事項を見ても、わからない点はないし、時には「いや、俺のコードのほうが効率よくない？」と思うことも多かった。もう「趣味の違い」ぐらいにしか思えなかった。

この戸惑いをメンターのクリスに相談したら、衝撃的なことを指摘された。

「みんなコードがわからないからコメントをしているんだよ」

てっきり、まわりの辣腕エンジニアたちは、私の書いたコードを読んでわからないはずがないと思っていた。だが、レビューをする人はコンテキストがそもそもない。なんでこういう書き方をしたんだろう？という「疑問」が起こったらコメントする仕組みだから、このコードではうまく動かないからとか、効率が悪いとかではなく、単に「読んだときにわからない」からコメントがついていたのだ。

日頃、私はプログラムを書くとき、「コードを書く」意識でいた。ソフトウェアが正しく設計され、円滑に動作する、品質のよいコードが書ければよいと思っていた。だが、Pull Requestのレビューを減らすには、**「読んだ人がどう感じるか?」を意識しながらコードを書く必要があった**のだ。

コードもまた「読み物」だ。

コードを書きながら「この部分はわかりやすいかな?」というのを最優先にすると、コメントが激減するのがわかった。コードの読者(アメリカの場合はコンピュータサイエンスを修得している人)が疑問を持たない程度のわかりやすい書き方を意識する。

グレナはこういうスタイルが身についているので、質問を受けたときでも、「質問者がどうしたらわかりやすいか?」を踏まえて回答をしている節がある。私なら、質問者が前提知識を要したり、自分で何らかの作業をしないといけない回答になりそうな場面でも、彼女の回答は、必要なクエリが添付され(しかもコードのポインタのリンク付きで)文章も短いから、読み手がものすごく楽だ。こういうところにも一流のセンスがにじみ出ているのだろう。

ミスコミュニケーションのサイン

プログラミングは一人でやるイメージがあるが、実際にはコミュニケーションの塊だ。引き継ぎ事項に限らず、上司や同僚からなにか聞かれたとき、準備していなくても即座にクリアに説明できると、非常に生産性が上がる。およそプログラミングの仕事においてもっとも時間がかかるのは、自分がコードを書く場面ではなく、人とコミュニケーションをとる必要があり、作業がブロックされる場面だ。

とくにコロナ禍以降、リモートワークの増加で、思わぬ落とし穴が生じることがある。あるとき、私はPull Requestをつくったのに1カ月以上もマージ(システムへの統合)されない状態があって、ストレスを抱え込んでいた。クリスだったらどうしただろうと思って相談したら、まず小さなテクニックから紹介してくれた。

「これは誰にとってもとても難しい状況だね。Pull Requestが大きくなるというのは、大抵ミスコミュニケーションのサインだから、そういうときはオフラインで会話するほうがいい」

確かに、自分とは違うグループの見ているリポジトリにPull Requestを送っているので、相手から見たら優先順位が異なる。リポジトリのオーナー側からすれば、レビューも時間がかかるし、受け入れるのにもリスクがある。

今回のケースでは、簡単そうに見えて実際にコードを書いてみると意外に難易度が高く、私は何とか工夫して動くようにしていた。その実装を先方は気にいらなくて、もっとシンプルな違う方法でやれるはずだと思っていた。そこで彼は自分で小さなプロトタイプをつくるが、実際やってみると動かない。現実的には私の方法しかなかったわけだが、それとて完全に彼のイメージ通りには動作しない、ということがわかった。

こうしたすれ違いは、もし二人ともオフィスにいたら、もっと早く解決できていただろうとクリスは分析してくれた。

ミスコミュニケーションのサインがあらわれた時点で、**手を動かす前に「何かおかしいぞ」と気づいて、すぐに彼とオフラインで話す機会を設けたらよかった**のだ。リモートワークのときほど、この手の行き違いに十分気をつける必要がある。

クイックコールのすすめ

リモートワーク＝業務効率化、と思っている人は多いが、正直、対面と比べて生産性が良いようには感じない。

　リモートワーク好きな人もいるが、私自身はできれば同僚たちと同じ空間で作業したいほうだ。ソフトウエアの開発者たちはそれぞれ自由に作業をするが、実際にはコードを書き始める前にいろいろコミュニケーションが必要になってくる。

　チャットだと、誰かに相談しても、反応が返ってくるとは限らず、頑張って英語で説明を細かく書いても、スルーされることがしょっちゅうある。やり取りに時間がかかって多くの待ち時間が発生したり、答えが返ってきても、そこから次の質問が浮かんだりしてどうしようもない。自分が抱えている課題を説明しようとしても、チャットだと伝わりにくい場面も多かったりする。

　リモートワークが実際に生産性に結びつくかは、個人個人の成果を出す作業にどれだけ集中できるか次第だ。会議は目的にそって、「簡単な進捗報告と、今抱えている問題のシェアだけ」にするか、後述するような「問題についてディスカッションする場」のどちらかに絞るのが効率がいいだろう。

　オンライン会議で悩ましいのは、英語でハイテンポな応酬がなされていると、誰かがしゃべり終えるのを待つ癖のある私のような人間にはけっこう不利な点だ。対面ならホワイトボードなどを使ったりしてすぐ説明できることも伝えづらい。

ではどうやってチームメンバー同士、オンライン上のコミュニケーションの欠点を補ったらいいのだろう？

答えは、**クイックコール（Quick Call）を頻繁に使うこと**だった。

周りを観察すると、リモートワークでも生産性が高い人はほぼすべてクイックコールをよく活用していた。クイックコールとは、予定されていないビデオ通話のこと。必要なときにTeamsとかのチャットで、先方から「今クイックコールしていい？」（Can I have a quick call?）と言われるので、良ければ「いいよ！」（Sure!）と送り返す。するとコールがかかってきて1対1でコミュニケーションをとる。そこから画面を共有して一緒に作業したりもする。

例えば、コードを書いていてうまく動かないときがあったとしても、画面をシェアして「ちょっと見てくれない？」（Look at this.）と言うだけで、相手は状況を理解してくれる。複数人いる会議だと自分だけが理解できてない場面で尋ねにくいことも、1対1なら「わかりますか？」（Does it make sense?）と聞かれて、「いや、もう一度教えてもらっていいですか」（No. Could you tell me one more time?）と返しやすい。

私はよくTeamsのビデオ通話を使っているが、他のツールでも、自分のデスクトップの画面をシェアして一緒に作業するのは簡単にできるし、PowerPointやWord、Excelなどのファイルを他の人とシェアする機能が備わっている。一人でうんうんうなるより、たとえ10分でもいいので、知っている人と一緒にやるだけで作業は10倍速くなるし、チャットと違って、新しい質問が浮かんでも瞬時に答えが返ってくる。

音声のほうが100倍以上情報量があってインタラクティブ性があり、フィードバックが速い。これは直接話したほうが絶対早いなと思うときは、遠慮なく「今いい?」と聞いて、すぐに1対1の通話を始めるのがよい。

日本の読者は、どんなときに、どの程度聞いてよいのか疑問に思う人もいるかもしれない。上司から、先に自分で調べてから人に聞きなさいと言われることが多いだろうから。しかしインターナショナルチームでは原則として、**自分にその分野の「メンタルモデル」や「コンテキスト」がなければ、すぐさまエキスパートに聞いたほうがよい**。相手が忙しいかどうかは考える必要はない。メッセージを送ってスルーされたら忙しいんだろうなと思うようにすればよい。

クイックコールがすぐに無理なら、ミーティテングの設定を依頼する。最初にそうしないと、解法そのものを大きく間違えるケースもあるため、その手間を惜しんではいけない。

私も最初は忙しいエキスパートにミーティングをお願いするのは「厚かましいかな?」

と気後れしたが、実際にやってみると劇的に生産性がよくなって、かなり時間を節約できる。

一つ配慮すべきポイントは、〈相手が労力を要せず回答できるものか〉どうかだ。相手にとってものすごく工数がかかるものだったら自分で調べるべきだが、例えば、必要なPull Requestをシェアする、そのシステムのコンテキストや勘所を説明する等、慣れている人には簡単だ。そういう部分でわからないことは遠慮なく聞くとよい。もし先方も知らない場合でも、だれだれが知ってると教えてくれる場合が多い。みんな頼るのも頼られるのも、（忙しければ）それを断るのもうまい感じだ。

そうやって、**最初にコンテキストをエキスパートから得られると、かなりショートカットして物事ができるようになる**。もちろん自分がその技術に慣れていない場合、別個に勉強が必要な場合もあるが、先達者にファーストコンタクトをとることは、無駄な勉強を減らすことにも役立つ。

クイックコールされる側もよいことがある

クイックコールはされる側にだって大きなメリットがある。相談される側もわずかな手助けでプロジェクト全体がスムーズに進むので、結果的に自分の仕事も楽になるのだ。

大抵のクイックコールはそんなに長くかからない。オフィスにいて「ちょっとここ教えてくれない？」くらいの感覚なので数分で終わる。タイミングが悪ければ、「今ちょっと都合が悪いんだ。11時はどう？」（Sorry, I'm not available. Are you available at 11 am?）とか返せばよい。

自分が気軽にクイックコールを受け付けていると、困ったときに相手も簡単にクイックコールに応じてくれる。チャットにいちいちあげていると、待ち時間や往復のやり取りが発生してかえって面倒になることも多いから、双方に合理的なのだ。

バグを探すのもわからなければ、クイックコールするとすぐに問題がわかって、3分以内の会話ですぐ問題が解決したりする。チーム内でクイックコールが文化になると、非常に生産性が上がって楽になる。

リモートワークでは、だらだらするときとフォーカスするときのスイッチを明確に切り替えたい。頭が疲れてきたら、ランニングに行ったり、筋トレしたり漫画を読んだりしたいし、集中して他の人に話しかけられたくない時間もあるだろう。一日の中でメリハリのあるリズムをつくり出しやすいのも、クイックコールのメリットだ。

インターナショナルチームの文化では、誰かに相談するさいのハードルが非常に低い。相談を受ける側のマインドもオープンだ。

ある技術の問い合わせが別チームから来たとき、自分がやったことのない分野だったので、私は「サンプルやドキュメントを見るとこの部分が違うよ」という指摘にとどめて返した。正直自分で調べたら絶対時間がとられると思ったから。ところがある同僚は、私が返した内容を踏まえつつ、チュートリアルに沿って「この方法でやったらちゃんとできたよ」とレポートした。

つまり、その分野に関して私と同様、彼も知らなかったのに実際にやってみたのだ。彼はリプロ（ソフトウェアの問題の再現）に時間をかけたことで、自分が知らない分野を体験することができた。このことをクリスに話してみると、**「自分が知らないときほどリプロするんだよ。効率がいいから」**と教えてくれた。

自分のとられる時間を天秤にかけてしまう発想だとこうはならないが、「自分が知っているか」に焦点を当てて、学びの機会にしているのは目からウロコだった。

問い合わせへの対応は面倒だと感じてしまうタイミングはあるだろうが、質問は自分の成長のきっかけになる。中長期の貢献を考えると、自分のカバー分野以外のリプロやデバッグ（バグとり）を気軽にやってみる、という投資は非常にいいことなのだ。

気軽に聞ける空気の大切さ

総じてイケてる技術者の人ほど、知らないことは知らないと素直に明かして気軽に質問する。これはアメリカのカルチャーによるところも大きいと思う。理解できないことを聞くことは恥ではないし、聞かれたほうも不愉快に思わない。

以前、あるアップルの製品発表のときに、故スティーブ・ジョブズが、iPhoneの新機能の特徴をプレゼンテーションした直後の質問コーナーで、「新機能の特徴を教えてください」と質問した聴衆がいた。私は「今、話したばっかりやん！」と思ったのだが、ジョブズは「Good question!」と言って、先ほどの説明をまったく同じように繰り返したのだ。

私の職場ではとても優秀な人でも、日本だったら「えっ、そんなこと聞く？」ということでも**知らないことは簡単に隣の人に聞く**。「Azureって何？」みたいな初歩レベルの質問をしても誰も問題視しない。

実際に全員が気軽に質問することを実践すると、組織全体の効率が相当上がるのは確かだ。聞けば自分より何倍もわかっている人から教えてもらうことができる。自分でググれば、調べる力はつくかもしれないが、意外に時間がかかってしまう。聞いたほうが圧倒的に早いのだ。

実は、この**「気軽に聞ける仕組み」は、「気軽に断れる空気」とセットになっている**ことが肝心なポイントだ。これはスポーツカーが速く走れるのは、良いブレーキがついていて、いつでも止まれるから、ということに似ている。

例えばハッカソンをしていて、サポートをしてくれる同僚がいるとする。彼らに助けを求めると気楽に答えてくれるが、自分がわからないと「あいつに聞いたほうがいいと思うよ」「うーん、わからないな。サポートに聞いたら？」と簡単に言う。これは、社内だからではなく、お客を相手にしていてもそんなスタンス。サポートを受けたほうも「助けてくれてありがとう」と笑顔で返して終わりだ。

これが日本だったら、一旦お客様から質問を受けたら自分がサポートに連絡して最後まで面倒を見たり、「後日回答します」と抱え込み、責任を持ったりするところだ。やくざ映画や寅さんとか観ても、「こうも頼まれちゃあ断れねぇな」と、一旦助けることを引き受けたらとことんやるのが日本人の性《さが》だ。

それは素晴らしい美徳だが、ことソフトウエア開発の効率を考えると相当な無駄を生んでいる。**助けになれない場合は、すぐに「ごめん」でクールに済ませたほうが、聞く方も聞かれる方も気が楽**なのだ。

余談だが、先日大きめのモニターを買ったのだが、初期不良でうまく動かなかった。サポートセンターに連絡すると、コードが悪い場合があるからいくつか試してみてと言われ、試した結果を返信すると、「じゃあ、君の状況からいって初期不良だから」と、FedexのQRコードが送られてきて、簡単に返品に応じてくれた。お詫びは一切なくてあっさりしているし、本当にモニター本体が壊れていたのかはわからないが、こういう割り切りがアメリカっぽいなと思った。彼らは本当にドライだ。

ディスカッションで鍛えられること

自分の知らないことを恥じない、知らないことは進んで聞くという精神は、マイクロソフトの会議にもよく表れている。会議は単に進捗をシェアする時間ではなく、ディスカッションの場になることも多い。

もともと私には、「ディスカッションとはその対象をよく知っている人同士がやるもの」という先入観があった。意見を交わして「どちらの意見が正しい」みたいなことを決定する勝ち負けのイメージだ。だから、「初心者のうちはまず学んでから」と思っていたし、そこには「発言が的外れだったら嫌だな」という感覚が張り付いていた。

だが、ここでのディスカッションの目的は、「お互いが持っている意見を交換して、知識や考えを深めること」。自分のわかってなかったこと、気づいていなかったことを知ることができる楽しい機会と捉える。

一方的な情報伝達の会議はほぼなく、定例会議などの多くがディスカッション形式で進行する。

同じ資料をシェアするにせよ、**その場でフィードバックがあるディスカッションは、短い時間で相当高い知識と理解を深めることができる**。

必ずしもその分野をよく知っていなくても、知識ゼロでもディスカッションへの参加は可能だ。気の利いた意見を言えなくてもいい。「この部分が僕は理解できないんだ」「この用語ってどういう意味?」と、質問するだけでも十分に有意義な参加となる。

何かを一から学ぶにしろ、双方向のフィードバックを得られる環境のほうが理解のスピードが速く、教えるほうも、「それは違うよ」と修正してあげることができるからだ。相手が知らない、躓《つまず》きやすいポイントがわかることは教える側にとってもメリットがある。

ディスカッションは「どちらが正しいか」はどうでもよく、**「自分の考えを自分なりに深めるための行為」なので、初心者こそやったほうがいい**。

コツは、**「間違えたら恥ずかしい」という感覚は一切捨てる**こと。

技術イケメンたちだって、「知らないものは知らない」し、「間違えているものは理解が浅い」だけであって、それを恥とは思っていない。知ったかぶりをするほうがよっぽどかっこ悪いし、後でこっそり調べるのも生産性的には本当に無駄な作業だ。理解できるまでその場で突っ込んで聞いたほうが、すぐにバリューが出る。

そしてもう一つ、ディスカッションで鍛えられる重要な資質は、「合意できないことに合意する」力だ。

この「Agree to disagree」という言葉は、日本マイクロソフトのエバンジェリズムのトップを務めていた伊藤かつらさんに教えてもらったものだが、**どちらが正しいとか間違っているとか、意見に賛同する・しないではなく、「相手のことを理解して認める力」**といってもいい。「ああ、君は同意しないんだね」ということを理解するのだ。

これは、たとえ共感できなくても、異なる相手の意見を知的に理解する力、エンパシー（empathy）という概念にも近い。心情に共鳴するシンパシー（sympathy）ではなく、合意できないことでも理性で理解し、協同して物事をすすめる能力がインターナショナルチームではとくに求められる。

社内では、同僚たちがディスカッションをして意見が食い違うことがあっても、感情的になったり、揉めたりする場面を仕事では一切見たことがない。「こう思う！」と自分の意見は言うし、十分に納得できないことはあっても、**「自分の理解を助けてくれてありがとう」**といったノリであることが大半だ。

〈多様性を受け入れる〉〈他者を尊重する〉とは、なにも観念的なお題目ではなく、実務レベルでこうしたコミュニケーションをとれる必要性を意味する。インターナショナルチームでは、国籍、人種、文化の異なる人が集まってチームになっている。「常識」や「道徳」的なものが同じとは限らない。「違う」ことが当然の世界なのだ。

余談だが、私が昔イギリスに短期留学したとき、ホストファミリーのお母さんがこんな話をした。「学校にロマがいるのよ。その子がむちゃくちゃ暴れるのね。親もいるんだけど、親も一緒に暴れるのよ。だから、その家族のためだけに学校でボディガードを雇ってるのよ」。それを聞いて私が、「なんでイギリスに来ているのに、ちゃんとイギリスのルールに則《のっと》って振る舞わないんだろうね？　学校もお金の無駄やん」と言ったら、彼女にこう諭された。

「ツヨシ、それは違うよ。私たちから見てむちゃくちゃでも、彼らには彼らの文化があるからそれを尊重しないといけないのよ」

これは私にとって、人間観を変えてくれた一言だった。

自分にとって理解しがたい相手の意見や振る舞いも尊重して、受け入れる。正しいか間違っているかのジャッジではなく、「異なる視点から自分の考えや知識を深めることができて、楽しいよね！」という感覚を育みたい。

意見が対立しても「否定しない」

仕事の現場で、異なる意見を受け入れることの具体例を示したい。日本語でイメージするものと現実的なシーンではおそらくギャップがある。

私があるアプリケーションのリリース作業を依頼され、作業していたときのこと。複数人にレビューをお願いしたうえで、もう大丈夫な段階だからマネージャには今日リリースするという話をした。レビューの中に同僚のあるコメントがあり、正直重要じゃない指摘だと思ってコメントを返していなかったが、そのままにするのは失礼だと思い本人と話をした（専門的な用語も出てくるが、気にせず会話の雰囲気だけ見てほしい）。

牛尾　このコード、コメントアウト（コード編集のさい特定の箇所を一時的に処理されないようにすること）を外してほしいと書いてあったけど、応用的なサンプルも示してお

同僚　きたかったんだ。このケースでは、多くの人はそのサービスのアカウントがなくて使えないからコメントアウト扱いにして、実行時にエラーが出ないようにしているんだ。

牛尾　なるほど。でも、僕の意見としては、見たとき混乱したんだよ。これコメントアウトはやめて、ディレクトリをわけたらいいんじゃない？

同僚　（今のタイミングでそれやると、死ぬなぁ……）なるほどなぁ。今日リリースしようとしていて、その変更を入れるとほかの言語のサンプルをすべて修正、テストをしないといけないので振り出しに戻ってしまう状態なんだ。ドキュメントにはしっかり記載しているよ。

牛尾　最後の最後で本当に申し訳ないんだけど、僕の意見では、混乱すると思うんだ。ただ、決めるのは君だし、僕の意見なんて全然無視していいよ。君次第さ。

同僚　じゃあ、このPull Requestは大きいのでいったん統合作業を行ったあとに対応を考えるよ。レビューしてくれていつもありがとう。

牛尾　こちらこそ！

このケースでは、自分としては相当シビアな意見を受けた。今までやってきたものが崩れ落ちるような感覚だった。各国から集まっている技術者たちのスタイルは本当に様々だから、確かに彼のような、ドキュメントはあまり読まずにコードを見るスタイルの人からしたら、コメントアウトされている部分の意味がわからないだろう。

結局、私は変更することにし、夜中の3時まで修正作業をしてきつかったが、それで傷つくことも不快になることもなかった。最終的にどうするかは、自分で決めたことなのだから。同僚のコメントも、私を否定したり、私のアイデアへの否定ではない。**私を尊重していることが、言葉だけでなく態度からもにじみ出ていた**。

英語圏で、反対意見を言うときや他と異なる自分の意見を言うときに頻繁に出てくるフレーズが、「In my opinion」。日本語でいうと、**「自分の意見では」とか「自分の意見を述べさせてもらいますね」**みたいなニュアンスだ。このノリで話すと、たとえ相手のアイデアと正反対の意見でも、言われたほうが「心にぐさっとこない」感じになる。心が痛まないのだ。

ソフトウェアエンジニアの人なら、英語圏のGitHubのコメントやディスカッションの仕方をのぞいてみるとすぐノリがつかめるだろう。ガバナンスが利いているリポジトリはかなり平和だ。がっつり議論はしているが、「感謝の言葉」や「自分的には……」という言い回しにあふれているから、とても気持ち良く、議論を効率的に進めることができる。

図13　ディスカッションのコツ

日本にいるときは、反対意見を言うのは精神的な負担度が高く、非常に言いにくかった。でもアメリカに来てからは議論で「心がつらくなる」瞬間がないので、意見交換は楽しいもの、助かるものという感覚になり、反対意見を表明するのになんの躊躇もなくなった。

「相手を否定しない」「相手のアイデアを否定しない」、そして「自分の考えとして意見を言う」という鉄則を守れば、互いのメンタルを傷つけることなく、議論を生産性の向上に直結させることができるだろう。

これはリアルに限らずSNSでもそのまま当てはまることだ。日本語圏のとげとげしい議論の応酬やディスり合いを見ると本当に気分がふさぐものだが、たとえ言っていることが正しくとも、伝え方のマナーの伴わない言葉は、建設的な相互理解には結び付きにくいだろう。

「会話力」を育てよう

実は「ディスカッション」に参加する楽しさと効率の良さがわかってくると、英語力アップのモチベーションも高まる。

エンジニア系の英語力に対する見解は様々で、コンピュータ系の技術者は「読み書きさえできればいい」「話す機会はほぼないから、講演が聞けるレベルで十分」という意見も多く、会話はあまり重視されていない。正直にいうと私自身、英語は趣味だから勉強していたのであって、「エンジニアとして絶対的な必要に迫られた」からではない。

でも、同僚は私と同じように英語は第二言語の人がほとんどだが、ヨーロピアンや南米、インドや中国の人たちがみな、ガンガン英語でディスカッションをしている。英語がさほど達者でなくても、自分の思ってることを伝わるまで話して、ほかの人の意見も理解できるまで聞いているのを見て、刺激を受けた。

必要なのは、TOEICのハイスコアのような語学力ではなく、言いたいことを伝え、相手の言わんとすることを理解する「会話力」だ。**会話力は「気合い」と「慣れ」の要素も大きい**。技術というよりは意識の問題で、積極的に場数を踏んだもの勝ちだ。

ディスカッションでは、みんな議論を闘わせるというよりは、むしろ「わかってない」から理解できるまで会話を重ねている。そうやって自分の思っていることを話してフィードバックを受け、互いに考えや知識を深めて、「助けてくれてありがとう」と感謝をしている。

言ってみれば、楽しんだもの勝ち。意見が違う人がいても、面白いフィードバックが得られたな、違う意見が聞けたと喜ぼう。知らないこと、よく理解できていないことは正直に言おう。相手がだれであっても、結局はそのほうが有意義なフィードバックを得られて絶対に得だ。

互いが知識をシェアして高め合うことを助け合い、エンジョイすることに集中する。言葉を交わすその瞬間の楽しみと、生産性の向上に注力する。

こういう「ディスカッション」ができる体質に生まれ変わることで、インターナショナルな環境に馴染んで、仕事も効率的になってくる。

英語の会話力への気後れから、この恩恵を受けられないのは非常にもったいない。私自身、歯がゆさがあるのでもっともっと英語力を磨きたいと思っている。

最近はディスカッション重視の国際的なカンファレンスも増えた。DevOpsDaysなども、著名な人のプレゼンだけでなく、参加者同士のディスカッションを重視する方向になってきている。

臆することなく、その楽しさの中へ飛び込んでいってほしい。

詰まるところ、チーム全体が強くなるためには、気軽に互いの知見を交換できるコミュニケーション文化が大切だ。聞くことを恐れずに、人に頼ろう。そして自分も役に立とう。かくいう私も元来そうしたことが不得手だったが、仕事を通してどんどん「人に頼る」ことを学んでいったように思う。私の筋トレのパーソナルコーチが、仕事にも通じるこんな名言をくれた。

「みんなコーチって初心者に必要と思っているだろ？　だけどオリンピック選手にも必ずコーチがいるんだ。誰だって人は、過去に経験がある人から学んでいくんだよ」

第5章 生産性を高めるチームビルディング
――「サーバントリーダーシップ」「自己組織型チーム」へ

「サーバントリーダーシップ」とは何か

本章では、マネジメントスタイルの違いがもたらす「圧倒的スピード感」と「楽しさ」について扱っていきたい。超速で進むソフトウェアの新しい技術の進化や考え方の日本に対する導入の遅れをどうやったらなくすことができるか？　この問題を私は長年考えてきたが、先進的なチームマネジメントのスタイルとその背景にあるマインドの考察は大きなヒントになると思う。

ソフトウェアの世界では、２００１年にアジャイル開発が登場して以降のパラダイムでは「サーバントリーダーシップ」と呼ばれるタイプのマネジメントが主流になっている。

従来型は「コマンドアンドコントロール」というスタイルで、リーダーが部下に指示を出し、部下の状況を把握、確認し、管理していく。日本の会社でも一般的な、いわゆる「マイクロマネジメント」だ。

一方、サーバントリーダーシップの場合、リーダーは〈ビジョンとＫＰＩ〉は示すが、実際にどのように動くかは、チームが主体的に考えて意思決定していく。この考え方は、古くは１９７０年に発表されたロバート・Ｋ・グリーンリーフ著『The Servant as Leader』

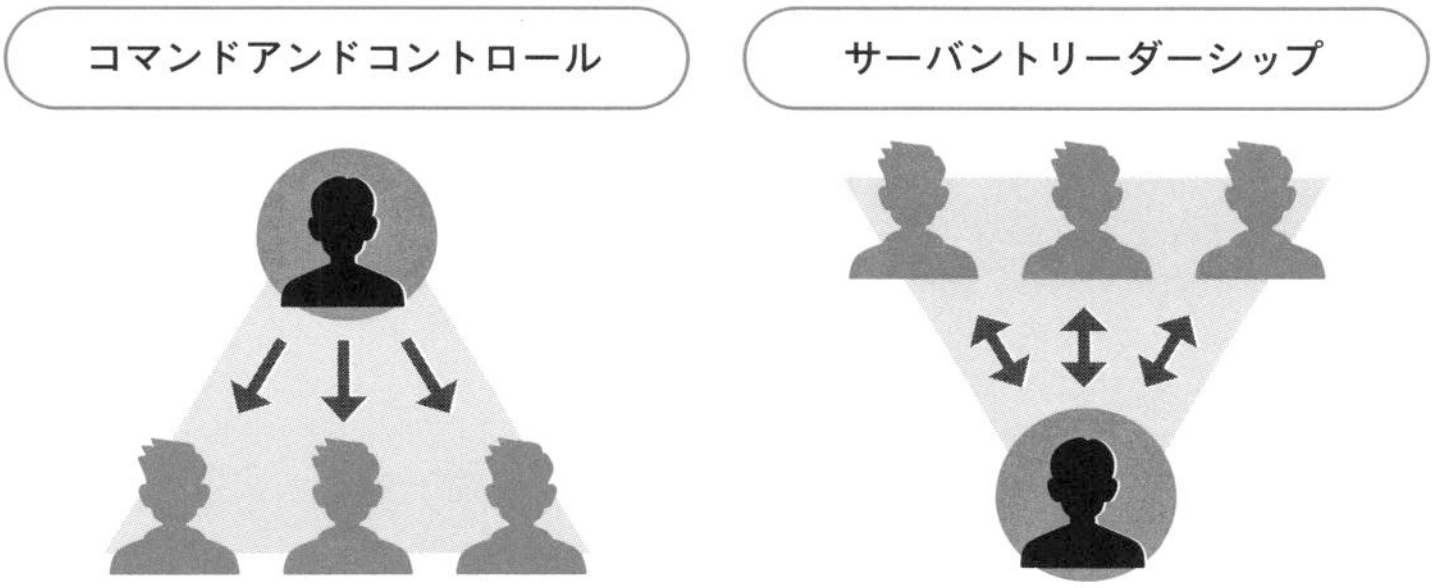

「コマンドアンドコントロール」制では、マネージャが部下に指示をする。
「サーバントリーダーシップ」制ではメンバーが主体で動き、
マネージャは彼らの障害を取り除く役割

図14　「コマンドアンドコントロール」と「サーバントリーダーシップ」の違い

のエッセイが元になっている。

もともと私はマイクロソフトに入社する前はアジャイル／DevOpsのコーチをしていたので、サーバントリーダーシップは馴染みの深い概念だったのだが、マイクロソフトに入って驚いたのは、ソフトウェア開発のチームだけでなく、巨大な会社組織全体が「サーバントリーダーシップ」スタイルで動いていたことだ。

ビジョン、戦略、ＫＰＩの三つは明確だが、誰も指示をすることはない。**日本企業と比べると、現場のメンバーがかなりの権限を与えられて、どう実行するかを各自で考えている**。

他の外資系に勤めている友人に聞いても、このスタイルは増えていて、マネージャが指示するような「コマンドアンドコントロール」型の管理は今ではオールドファッションと呼ばれているそうだ。

私見だが、日本社会もそろそろサーバントリーダーシップ型に移行したほうがよい気がしている。経営コンサルタントのロッシェル・カップさんの『日本企業の社員は、なぜこんなにもモチベーションが低いのか?』(クロスメディア・パブリッシング)は非常に興味深い本だが、そこでも日本ではマイクロマネジメントが横行し、現場への権限付与のレベルが低いことが指摘されている。

コマンドアンドコントロールはメンバーを「社員」として扱い、サーバントリーダーシップはチームメンバーを「ステークホルダー」として扱うというのが大きな違いだ。図15を参照してほしいが、アメリカの職場にいると、日本の企業にいたとき、いかに「子供扱い」されていたかを痛感する。

日本の企業では「これをやれ、あれをやるな、○○するときは必ず上司に許可を得てから……」といったスタイルで、主体的に考えて動くことは求められなかった。大企業に勤めるある人は「事業部長クラスでもたかだか100万円の決裁権もない」と嘆いていた。

こちらでは、各人の裁量権が大きく、規則は最小だ。会社で自分のPCも使いたい放題だし、本気でやろうと思ったら情報漏洩だってできるだろう。ただ、我々は大人なのでそ

社員	ステークホルダー
大人の監督（マネジメント）が必要	**リーダーシップが必要**：ビジョンを提示してくれれば、それに基づいて自分が仕事を展開する
子供のような扱いが必要という前提：境界線、枠組み、指示、管理、監督、叱責または甘やかし、親、保護が沢山必要	**大人であることが前提**：可能な内容に関するビジョン、支援、擁護者、コミュニティー、ツール、および創造、革新、製作の場が必要
ユーザー／貸借人（自分が仕事をするために必要なものを会社が貸してくれている）	**オーナー**（任務、仕事、プロセス、コンピュータ、デスク、部下、チーム、部署、会社を自分が所有する）
時間を費やすことに対して報いを受ける：1年間出社したので、3.25％の昇給を貰うべきだ	**結果に対して報いを受ける**：今日、顧客は満足しているか？毎日それを続けることで、より大きな収入を得る
言われたことをやる：権力者に対して疑いを持つことをしない	**すべてを探求し疑問視する**：権力はその地位の健全性に左右されることを理解している
知識の退蔵：知識を独り占めすることで自分の職が安定する	**他人の成功の援助**：他人を援助することで自分の職が安定する
時間ベース：早く出社して遅くまで残業する。だから自分は良い社員だ	**結果ベース**：優秀な結果を迅速に達成して帰宅する。少ない時間でより多くの仕事をこなすから報いを受ける

ロッシェル・カップ『日本企業の社員は、なぜこんなにもモチベーションが低いのか？』より一部引用

図15　社員とサーバントリーダーシップ制におけるステークホルダーとの違い

んなことはしないし、もししたらものすごい賠償金を払うことがわかっている。誰もうるさいことは言わず、定期的にBusinessConductという会社の行動規範教育コースへの参加が義務づけられているぐらいだ（ただし、セキュリティ対策は、「上からのお達し」のようなよくわからないルールではなく、「システム」できっちり守られていて、非常によくできている）。

なによりソフトウェアの技術者は「専門家」として敬意を払われ、重宝される。各人は自分で世界中で使われるクラウドのアーキテクチャを考えて、実装し、テストを

する権限を持っている。それを自分がリードしてやる。私だけではない。同僚はすべてそうなのだ。

自己組織チーム／フィーチャーチーム

私は日本にいるとき、アジャイルやDevOpsと呼ばれる開発の進め方を企業に導入するコンサルタントを長年務めていたが、アジャイルは２０００年頃から、DevOpsは２００９年頃から提唱された方法で、近年日本でも多くの企業が取り組むようになってきた。

その大きな特徴の一つが**「自己組織チーム」と呼ばれる方式**だ。日本の会社は上司が指示を与え、部下は上司のやりたいことをくみとって仕事をするのが一般的だが、アジャイル以降、世界のソフトウエア開発現場では、「チーム」が自ら考えて自分で意思決定をするスタイルが主流になっている。スクラムマスターと呼ばれる職種が円滑に進行できるようチームをサポートし、プロダクトオーナーという職種がインタラクティブに開発チームとしてどういうものを何のためにつくるかということを考えていく。

自己組織チームの三つの特徴を見ていこう。

1　生産性が高い。
2　チームのエンゲージメント（満足度）が高い。
3　よりよいソリューションが選択されやすい。

1の生産性の高さに関していうと、「コマンドアンドコントロール」型では、リーダーの承認、説得、あるいは合議や根回しの必要があって、とかく何を決定するのにも時間がかかる。これは、現在のソフトウェアのデリバリのスピードを考えると致命的だ。

チームを信頼して、チーム内でビジネスの仮説や仕様、そのアーキテクチャや使用する技術を決定していくほうが圧倒的に速い。**タスクの割り振りもチームが自らやっていく。基本的にメンバー各自がやりたい仕事を「自分がやるよ」と選択していく。**

2のエンゲージメントの高さに関していうと、インターナショナルチームでは基本的に、メンバーが**「楽しんでいるか」が非常に重要視される。**メンバーは楽しめる仕事をプロとして実施して、主体的に考えて仕事をする。そのほうが指示を受けて「やらされる」仕事より何倍も楽しいし、自分が面白さを感じてコミットする仕事は、生産性が何倍も高くなるだろう。

最後の、よりよいソリューションが選択されやすいという点だが、これはシンプルな話で、日進月歩の技術の最前線を一番把握しているのは、そのツールや言語で毎日コーディングをしたり運用したりしている最前線のメンバーである。何年も前にプログラマを引退したマネージャでは鼻が利かないのだ。

だから、現場で様々な選択をしてもらうのが一番質がいい。もちろん稀にリーダーでも、最新技術に対して超人的に鼻が利く人もいる。グルーヴノーツの最首《さいしゅ》英裕社長はその例だ。自分で多岐にわたる技術をハックしたうえで、チームに技術を推薦している。ただしそれも決して押し付ける形をとらない。

基本的には、リーダーがいろいろと言えば言うほどチームは指示待ちになって、自分たちで考えなくなる。いつまでたっても誰かの指示がないと動かない集団になってしまうのだ。

日本では、組織で「我慢できる」のが大人、**インターナショナルな職場では、「自分で自分の考えや人生に責任を持つのが大人」**であり、雇用制度も全く異なっている。日本国内にいる限りでは仕事のエンゲージメントが低くても、支障はないかもしれない。

しかし、海外に進出したときはどうか？　近年海外にオフショアしている企業も多いが、現地のエンジニアは、自分が面白くないと当然他のもっと楽しい企業に流れてしまうだろう。

個々のプログラマの生産性には10〜25倍の差があるといわれている。「低いスキルの人」に全体を合わせるマネジメントはもうとっくに終わっていて、全体の生産性を高めていくためにも、メンバーがエンジョイできる環境をつくり出すことが非常に重要になってくる。

開発者それぞれが責任を持って設計し実装する

私が米国マイクロソフトの開発チームメンバーになったときは、これらアジャイルや、DevOpsで学んだようなチーム構成になっていると想像していたが、実態はさらに進化していた。いってしまえば、私の職場は、まるで「個人商店の集まり」であった。

マイクロソフトには作業上の統一プロセスはなく、基本的にチームをどう回すかもそのチーム次第だ。どんな大きなプロジェクトであっても、少人数から成るスモールチームの集まりで構成される。日本で大規模プロジェクトというと大勢の人がいるのが普通だが、世界的な巨大なクラウドを開発・運用するのに各チームは10人程度と本当に少ない。しかも、実際それぞれの機能を開発するのは、「各個人」にまかされている。

図16の「ＩＣ」というのはIndividual Contributor（開発者）だが、それぞれ個人商店みたいなものだ。マネージャからアサインされるバックログ（やるべきリスト）が基本的にふ

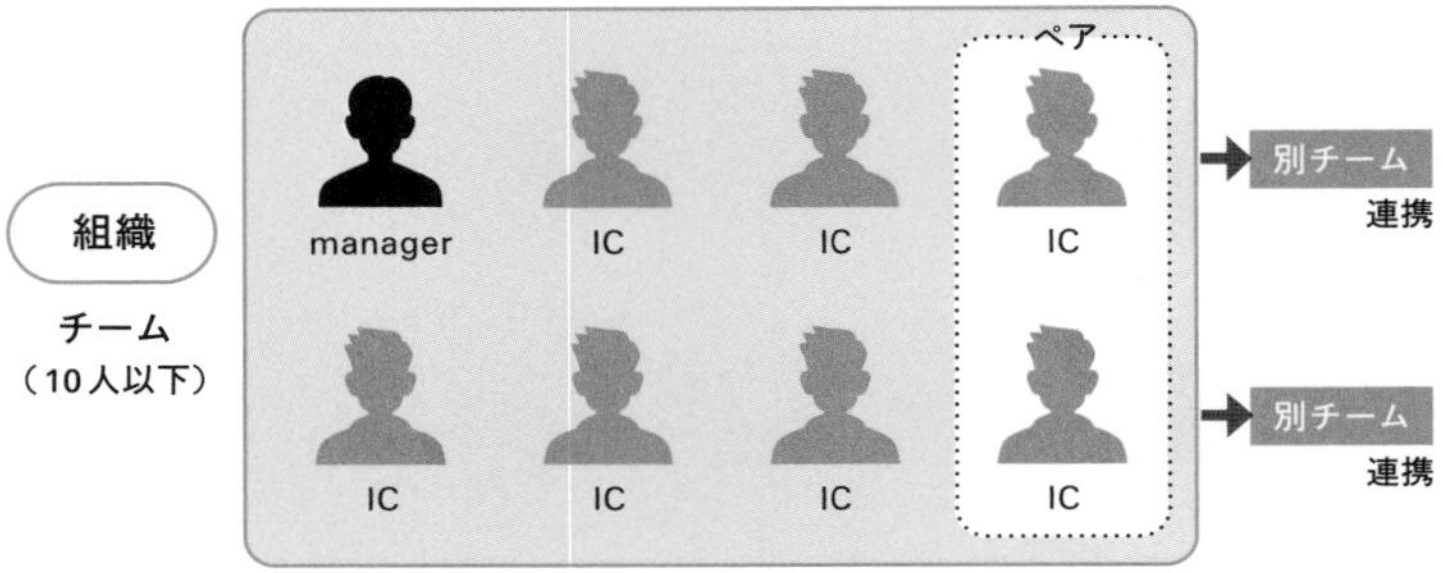

マネージャからアサインされるタスクは各ICが明確化し、実装する。
大規模プロジェクトにおいても、
10名以下の小さなチームが互いに連携を取り合いながら進める

図16　自己組織チームの概略図

わっとしているので、ICがそれを明確にする。仕様を自分で明確化し、デザインして、実装する。右端の点線で囲んだペアはスケールコントローラーをやっていて、他のメンバーはプラットフォームの中の基盤をやっている、といった具合だ。

　チームには同じマイクロサービスをメンテする役割の人がいて、バディのような存在だ。例えば「スケールコントローラー」を開発していたら、そのチームのバディに質問するとすぐに答えてくれる。他のチームではやはりみんなそれぞれ違う仕事をやっているので、質問を投げてもレスポンスは一日に1回程度だ。

　チームの単位はマネージャが管理できる最大以下の人数で構成されている。ベテランも新人も、責任を持って各自でやる。基盤はかなり巨大なので、内部でいくつか分かれているが、同じマネージャが見ていて、誰かがつまずいたら助ける仕組みだ。

「仕事を楽しんでいるか？」を確認する文化

マネージャの存在は、日本とはかなり性質が異なる。日本のマネージャは進捗管理や課題管理をして、プログラマや開発者を指揮するイメージだが、サーバントリーダーシップ制のもとでマネージャが重視するのは、各メンバーのメンタル面だ。

「ツヨシ、仕事をエンジョイしているか？」

マネージャのダミアンが私とOne on One（一対一の面談）をするときに必ず投げかけるのが、この言葉だった。彼は私のマイクロソフトの日本時代の上司で、同僚も上司のダミアンも出身国が分散していて、私だけ日本人だった。私の答えがノーだったら、職場をエンジョイできるようにいろいろと相談にのってサポートしてくれる。いかにメンバーたちが幸せに働けるかに高い関心を寄せ、エンパワーしてくれるのだ（多分チームメンバーから喜ばれているか、というのもマネージャ職の一つの評価基準なのだろう）。

だから我がチームでは、「仕事がつまらない」「納得いかない」と言っているメンバーを見たことがない。マネージャが率先してメンバーそれぞれに「エンジョイしているか?」と確認することで、仕事は〝楽しんでなんぼ〟の心地よいムードが生まれているように思う。

これは自分の所属チームに限らず、他のインターナショナルチームや、イギリスに行って仕事をしても、楽しそうにしている人が非常に多い。他社の人たちと話してみても、何かに悩むことはあっても「仕事が辛くて……」と言っている人にはまず会ったことがない。前提として「仕事は楽しむもの」というカルチャーがあるのだ。

日本では、仕事は〝我慢してなんぼ〟の空気が濃厚にあって、「楽しい!」と言っている人は多くない。私は日本にいる母からも「好きなことを仕事にできるのはそうそうないから、お前は幸せや。でも世間様はそうやないんやで、みんな我慢してるんや」と言われる。

でも、本当は誰だって、エンジョイできる環境のほうがパワーを発揮できるのではないだろうか? 各メンバーがゴールに向かって個性を発揮して走り、ボスは達成を助けるというマネジメントスタイルでは、他の人に命令して「いうことを聞かせる」必要がないので、とても生産的だ。

ダミアンは、私が今まで出会った中でも最高のマネージャだが、彼は自分の夢をいつもこう語っていた。

「私はいつかこのチームが世界でもっとも素晴らしいワークプレースだと言われるようにしたいんだ」

そんなマネージャのもとで、先日、小さなことだが自分にとってとても感動的な体験があった。

年次レビューがあって、ダミアンは、日本での私の成果をとても喜んでくれている様子だった。彼がとても褒めてくれるので、私が彼に「私の力じゃないよ。ダミアンがすごく助けてくれたからだ」という話をしたら、彼はこう言った。

「誰が、ハッカソンをやったんだ？ de:codeや他のイベントですごいインパクトを出したのは？　みんな君がやったことじゃないか！」

本当は、ダミアンはすごく私の至らないところをカバーしてくれているのだが、そんなことはおくびにも出さず、「みんな君がやったことだ」と言い切ってくれたのだ。

そのときはSkypeでのミーティングだったが、それまでのいろいろな思いが去来して不覚にも泣いてしまった。このプロジェクトで彼は、**初対面の私を信じて一切を任せてくれた**。過去も素晴らしい人に囲まれてきたが、これほどのことは初めてだった。

あれはダメ、これはダメと子供扱いされる職場と比べると、ものすごい差だ。

こんな温かい気持ちになれる会社と「言われたことをただやればいい」という会社では、

採用できる人材に大きく差が出てくるのは当然だ。こうした事実に気づいた人から、グローバルに楽しい職場環境を求めてどんどん日本を去っていくのではないだろうか。

サーバントリーダーシップ制の話をすると、決まって、それはすごく優秀な人たちが揃っている環境だからでしょう、経験を積んだ人たちでないと成立しないのでは？　と言われる。かつて私もそう思っていたが、アメリカで実際に働いてみて完全に考え方が変わった。

たとえ新人だったりインターンであっても、マネージャの接し方は同じだ。見ていると彼らもやればできる。まだ本人にセンスや能力がなくても、周囲が助けてくれるからだ。日本では、新人は「できないもの」としてエクセルのスクショとりみたいな簡単な仕事しかふらないが、**「できるもの」として大人扱いすると、周囲の助けを借りつつきちんとやれる**のだ。スキルの習得も速く、みな堂々と自信をもった顔をしている。今の自分の実力以上のことは仲間が助けてくれるという安心感があるからだ。

新人も、経験豊かなシニアも同じ同僚扱いされることがもたらす教育的効果は高い。チームにとっても自立した意識をもつメンバーが増えるのはとても喜ばしいことなのだ。

ボスの役割はサポートすること

では、自主的に動く各メンバーを、具体的にマネージャはどうサポートするのか？

ダミアンはそのお手本のような存在だ。チームとしてのゴールやミッションの共有はしっかりしてくれる。それは明確に数値で示されていて無理がない。ゴール設定はかなり親身になって一緒にやってくれる。私がそのゴールを達成するために困って相談をするといろいろアドバイスをくれるが、「あれしろ、これしろ」と細かく指示することはない。

毎週30分やってくれるOne on Oneミーティングでは、私に共有したいことやチームとしてやってみたいことの相談があり、私からの悩み事や相談に対してはアドバイスをくれ、いろいろと助けてくれる。「誰かを見習え」といった話は一切されたことがなく、全てのメンバーの個性を発揮する手助けをする姿勢が気持ちよく伝わってくる。

マネージャの主な仕事は「アンブロック」だ。つまり開発者（IC）がどこかで詰まっている状態になると、ブロックされているものを取り除いて（アンブロック）くれる。

例えば、技術的に困ったことがあってチーム外の詳しいメンバーに尋ねてもなかなか返答がないので仕事が進まないといったケースだ。生産性を阻害する状況を打破することをマネージャが手伝ってくれるのだ。人を繋いでくれたり、他の人の協力を要請したり、技術的なサジェスチョンをくれたりして。

常に「仕事の遂行を助けてくれるサポーター」という姿勢なのだ。何かのデッドラインが近づくと、私にリマインドをしてくれたりもする。指示をしたり、いうことを聞かせようとする代わりに、メンバーを理解して助けようとしてくれる。

いうなれば、エンジニアたちの扱いが(ステークホルダーよりさらに進んだ)個人事業主に近い。自分たちを助けてくれるマネージャがいて、「今期はこんなことをやろう」とリードしてくれるが、具体的なことは各個人が決める。お題に上がっているネタで自分がやりたければそれをピックアップする。誰かが指導してくれることはないので、自分で考えるが、どうしたらいいかわからないときや、技術的に困ったときは、同僚やマネージャに相談すると、すぐ助けてくれる仕組みだ。

そしてエンジニアたちが**中長期的にどうキャリアアップしていけるか、相談に乗って支援もしてくれる**。各人の思い描く将来像に合わせて、どうやってスキルを高め、充実したキャリアを積み上げていけるか親身になってサポートしてくれるのだ。

納期がなく、マネージャも急かさない

先に納期絶対の神話は捨てようという話をしたが、今の職場では納期が基本的にない。マイクロソフト最大のイベント「Build」のキーノートで発表される予定のプロダクトは納期があるが、それ以外はほとんどなく、できたときにプロジェクトは終了する。

これは「不確実性を受け入れる」こととそのまま繫がるが、世界規模のクラウドのプラットフォームは難しい要素がいろいろあって、例えば1週間でできると思ったことが技術的な問題点が発覚して2カ月ぐらいかかってしまうこともざらだ。予想外のことが頻繁に起こるのだ。

世界中の人が使うプラットフォームなので、納期厳守でよくわかっていない実装をするとめちゃくちゃになってしまう。正確に理解して、良いアーキテクチャをつくらないと惨事が起こる。

だからマネージャは絶対に急かさない。私は一度も「早くしてください」と言われたことがなく、「何だか遅くてごめんな」と言うと、「いやそんな気にすんなよ」「よくあることだよ」と励ましてくれる。

先日も自分のチームがいち早くリリースしたい新機能があった。そんなときであっても「急いでいい加減なものをリリースするより、自分が自信を持てるものをリリースしよう」という考えでサポートしてくれた。予定通りリリースだけしても、あとで問題になるほうが大変だから。

プログラマたちがきちんと理解して実装できるようになれば、次からは開発が速くなる。だからマネージャとしては急かさないことによって「未来への投資」をしているようにも見える。

納期がないなら何があるのだ？　と日本の人たちによく驚かれるが、**バックログ（今後やるべきことリスト）と、大きな予定だけはある。**戦略（ストラテジー）とカスタマフィードバックに基づいて今期はこれとこれをやろうという計画があって、とても粗い粒度の要素を整理して、開発者たちにアサインする。

プロダクトマネージャが、今期これをやればインパクトがあるんじゃないかと考えるものがピックアップされたりもする。それが達成されてリリースされるまでの期間は本当に様々だ。早いときは1週間で終わるし、すぐ終わると思ったものが半年かかることもある。

予定は今期に達成されないということも頻繁に生じる。想像よりすごく難しかったとか、あるシステムで改変が入るのでそれまでつくれないとか、不測の事態は見通せないので仕方ない。オーガナイズはされているが、できなかったときはできないと認める。それで現場が責められることはない。

日本での仕事を振り返ってみても、本当に納期がそんなに重要な場面ってあるのだろうか？　私の例だと、先述のBuildで新製品発表が決まっているケースならそうだろう。しかし日々の業務で、ある機能の実装が１週間、２週間遅れたからといってどんな重大な影響があるのだろう？

考え方として、**マネージャは一度仕事をプログラマに割り振ったら（あるいはチーム内でそれは私がやると引き受けた人がいれば）、あとはもう信頼するしかしない**。その選択が最適だったと、その人を信頼し切る。当人が一生懸命やって時間がかかったなら、それが現時点でできるベストだったのだ。

そもそも知らないコードベースの開発は誰がやったって遅い。最初のアサインではすごく時間がかかるかもしれないが、そのジョブの次には、そのエリアではもっと仕事が速くできるわけだ。信頼を出発点にしているからこそのマネジメント法だ。

ただし、あまり成長がなかったり向いてなかったりすると、違う仕事にアサインされたりはする。だからみな、やりたい仕事は頑張って成果を出そうと思って取り組む。

アメリカに来てから二つの職場を経験しているが、今まで上司から言われた言葉で心がつらくなったことがただの一度もない。

日本では常々「技術者たるもの、どんな批判も甘んじて受け入れ、まさかりを投げ合って成長するもの」みたいな圧を感じていた。まるで「願わくば、我に七難八苦を与えたまえ!」と叫んでいる戦国武将のようだった。

そんな辛い思いをしないとプロフェッショナルになれないのかとずっと疑問に思っていたが、アメリカではみんな「ハッピーかどうか?」が重要であって、仕事で「辛さに耐える」という発想が全くない。

前提として、**みんな「自分」が一番大切で、自分の幸せを第一に考えている**。自分が「自分以外のもの」になることは期待されない。そして、自分だけでなく他人も幸せで、「自分らしくいられること」が重視されている。自他ともにハッピーでいるために生きているのであって、仕事が辛くて心身を病んでしまっては意味がない。だから、マネージャはチームメンバー全員の幸せを願って接している。

無論、時としてマネージャと意見が対立することはある。そこで何が違うのかといえば、前章でも触れたように、「決してその人自身を否定しない」ことにある。

例えば、設計や実装方式のディスカッションなどでは、「自分はこう思う」「こういう場面で問題にならないか?」とかなりダイレクトに意見を交わす。ただ、そうしても、それは「意見が違う」だけの話であって、相手が間違っているというスタンスで話をしていない。**他の人の脳みそを借りて、最適なアイデアを選択しようという姿勢**だ。だから、その人のアイデアが採用されなかったとしても、「ディスカッション」の中でアイデアをブレインストームする過程が喜ばれたりするし、そこに相手を小馬鹿にしたり冷笑するような「人を否定する」ニュアンスは全く入ってこない。

日本から来たマネージャはパワハラで訴えられることが多いという話を聞いたことがあるが、日本では「お前は間違っている」とか「それは絶対違うだろう」みたいな発言をよく耳にしていた。上から目線だったり、部下にマウントをとりたがるオラオラ系のマネージャの態度は、国際的な職場において全く通用しないし、訴訟リスクが高いことは事実として知っておいたほうがいい。

意外に思うかもしれないが、英語に敬語はないものの、人に何かを依頼したり意見をするときは上司であってもかなり丁寧な言い回しをしている。アメリカだと、ダイレクトにものをいうイメージだが、人にやってもらいたいことに関しては、日本語に直すと「君が気にしなければうれしいんだけど……」とか、「○○してくださいませんか?」みたいな表現がよく使われる。

「他人を否定しないこと」を職場のカルチャーの出発点にすべきなのだ。

自己組織チームをいかに導入するか

人をコントロールして働かせようとする時代はもう終えなくてはいけない。

先日、「スクラムがアジアでは機能しない」と題された英文の記事を見たが、「欧米では、組織にスクラムを導入しているが、アジアではソフトウェアチームでの導入に留まっている」と指摘されていた。

スクラムとは前述の通り、アジャイル開発の手法の一つで、複雑な問題へのソリューションをチームで開発するための方法だ。私も当初、スクラムを会社全体に入れるという話を聞いたときは、「スクラムは、ソフトウェアの方法なのだから、何にでも適用するのは無理がある」と思っていた。

なぜなら日本では、SIerで開発しているとき、たとえアジャイルを採用している現場ですら「トップダウン」の色合いが強く、「チームで主体的に動く」とか「エンジニアが各自で判断する」という雰囲気にはほど遠かったからだ。

ただ、**本気で「自己組織チーム」をつくりたかったら、ソフトウェアチームだけ変えて**

も機能しない。せっかく開発部隊を自己組織チーム型にしても、その上のマネジメントが「コマンドアンドコントロール」型であれば、やはりチームを管理しようとしてしまうだろう。あるいは上位マネジメントはそうでもなくても、中間管理職のほうがコマンドアンドコントロールしてしまうかもしれない。

少なくともソフトウェア開発の場合は、全社的に、様々な問題への対処を、小さなチームや個人で自律的に解決していくような自己組織型の体制へとシフトしないと、うまく機能しないのだ。

世界規模のグローバルなシステム開発でも、実際は小さなチームで行う。多くのテック企業で、開発は25人ぐらいのチームがマックスで、Amazonでも「two pizza team」（2枚のピザを分けられるくらいの人数の意）といわれるように、ソフトウェア開発は少人数でないとまわらない。マイクロソフトでもたくさんのチームがあるが、チーム自体は10人規模で小さく、それぞれの裁量権が大きく、意思決定のスピードがかなり速い。世界中で使われている既存のシステムなので慎重なところは慎重だが、それは上の指示というよりエンジニア自身の判断でそういう選択をしている。

こうした「自己組織チーム」をうまく機能させるためには、人事制度もこれを前提としたものに変革しないと、不公平感が出てしまうだろう。

では具体的に、日本で「自己組織チーム」を導入し、実践していくにはどういうTipsがあるだろうか？

トップ層

まず、日本の場合は、上下関係が強いので、できるだけ上層部の承諾を取り付けるのが良い。アジャイル／DevOpsなどを推進する合意を得て、しっかり資料化する。どういう理由で導入するのか、何を目指しているのかをクリアにし、定期的にステータスを報告することを約束するとより安心してもらえるだろう。

可能なら、前述のバリューストリームマッピングなどの手法を使って、リードタイムの短縮等、目に見える効果を提示できるのが望ましい。

ミドル層

実は、サーバントリーダーシップ型への転換で一番抵抗が激しいのがこの層だ。トップ層は、ＫＰＩ的には新技術の導入や、様々な変革をするミッションがあるので前向きになりやすい。しかし現場のマネジメントからすると、プロジェクトやサービスごとに数字を持っているので、当然自分の慣れていない方法で新しいことを始めるのは相当勇気がいるだろう。トップ層が明確に、自己組織チームで「サーバントリーダーシップ制を推進する」とコミットしていたら、ミドル層も追随しやすくなる。

ミドル層の方々が反対する理由は、たいていは不安が強いからだ。今まで慣れ親しんだ方法ではないやり方でリーダーシップを発揮しなければならない。「それはアジャイルだから」「それはスクラムで決まっているから」という言い方ではなく、**彼らの不安の理由を踏まえたうえでしっかりトレーニングをすると、過去のマネジメント経験も生きて、新しいサーバントリーダーが誕生しやすくなる**。

移行がうまくいくと、以後は細かいことを計画・管理しなくてよくなるので、ビジョンや戦略や改善など、より本質的な部分に注力することができるようになる。

KPIも、サーバントリーダーや自己組織チームを前提として設定するのが望ましい。進捗報告は「スピードチャート、開発進捗サマリー、課題」程度で十分だ。終了の見込み、全体像、課題がわかるので、シンプルながら必要条件を満たす。

チーム

最後にチームだが、「自己組織チーム」になっても、今まで指示を受けて動いていた人が多いので、自ら考えて行動するやり方がわからず、最初はみな「どうしたらいいんだろう」

という雰囲気になることが多い。そういう場合は、誰かが「ファシリテーター」役になって、行動を促進する質問をするといい。

メンバーたちに「アドバイス」をするのはよいが、それはあくまで「彼らが求めたときだけ」にする。その前に「質問しやすくする空気」をつくっておくのは効果的だ。

私は「Ask For Help」の大切さの話を繰り返し伝えている。するとメンバーたちは「気軽に質問していいんだ！」と思えてくるので、どんどん質問が出てくる。

アーキテクチャの議論をしていても、年上の人に遠慮している人を発見したら、「〇〇さん、このアーキテクチャの議論で、気になっていることはありますか？　小さなことでも結構なのですが、懸念点があれば共有してくれませんか？」といったニュアンスで促すと、少しずつ話をしてくれる。互いに気軽に質問し、意見をいう環境をつくるのだ。

指示待ち系の人には「じゃあ、〇〇さん、どのタスクやっときます？」と、こちらが指示するのではなく、あくまで彼らの選択を促すだけにする。

決定するのはあくまで本人だ。慣れないうちは、自分たちに決定権限があるのに、「会社のルールで決まっているから無理」と自主規制してしまうケースもよくある。その場合は、上の人を連れてきて、その人から直接「今までとやり方変えちゃっていいよ！」としっかり伝えてもらう。すると徐々に「会社のルールも変えようと思ったら変えられるんだ、自

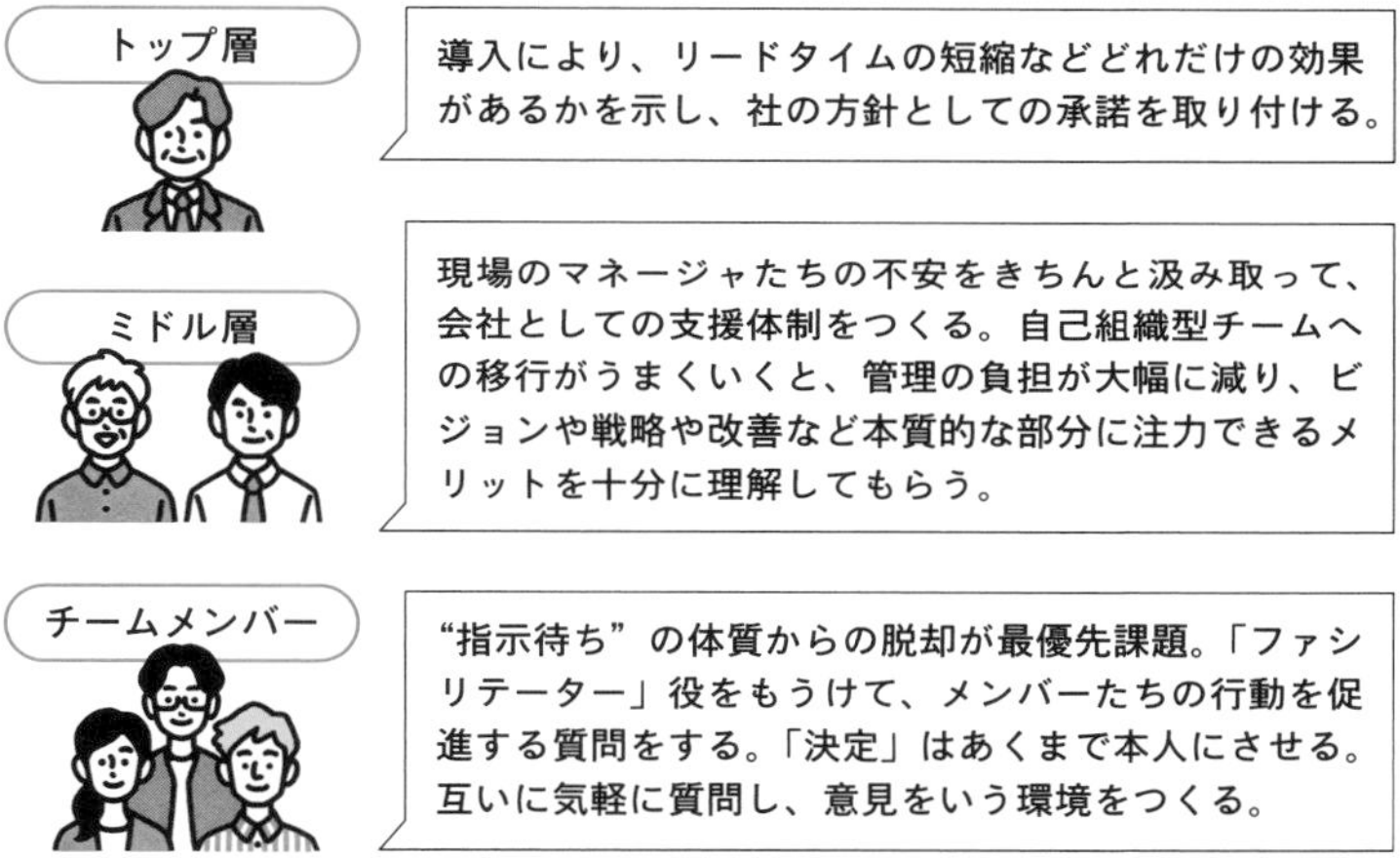
トップ層
導入により、リードタイムの短縮などどれだけの効果があるかを示し、社の方針としての承諾を取り付ける。
ミドル層
現場のマネージャたちの不安をきちんと汲み取って、会社としての支援体制をつくる。自己組織型チームへの移行がうまくいくと、管理の負担が大幅に減り、ビジョンや戦略や改善など本質的な部分に注力できるメリットを十分に理解してもらう。
チームメンバー
“指示待ち”の体質からの脱却が最優先課題。「ファシリテーター」役をもうけて、メンバーたちの行動を促進する質問をする。「決定」はあくまで本人にさせる。互いに気軽に質問し、意見をいう環境をつくる。

図17　自己組織チーム導入にあたってのコツ

分で考えて自分で仕事をやればいいんだ」と全員が気づいてくる。この「プロセスは変えていいんだ」と気づけるバリューストリームマッピングのセッションも有効だろう（85頁参照）。

日々こうしたトレーニングを積むと、1週間もたつと「自己組織チーム」のスタイルにチームが慣れてくるだろう。あとは、やはりプロで経験のあるアジャイルコーチを雇うのが良い。この手の「ソフトウェア開発の新しい文化」を学んで社内で実践するのは、本で学ぶだけでは難易度が高いと思う。チームにアジャイルコーチに来てもらったり、アジャイルスタイルでの開発が得意なパートナーを選定して、一緒に開発をすると、ノウハウを早く吸収しやすくなる。

チームの上下関係をなくす

日本の会社だと自己組織チームのはずなのに、何となく上下関係を感じる場合がある。すると、チーム内部で指示待ちが発生してしまう。それを避けるためのポイントは、**チーム内ではスキルや経験に関係なく、全員が同じ責任を持っているフラットな「仲間」としてふるまう**ことだ。

前述の「社員vsステークホルダー」の図15を思い出そう。もちろん先輩後輩でスキル差はあるだろうが、質問していけないわけではない。指示を受けるのではなく「主体的に聞く」ことが必要なのだ。目上の人は教えたくなるのを我慢すること。考えるのはそれぞれの仕事で、聞かれる前にいちいち教えにいくのは相手を子供とみなしていることになる。新人であっても「大人」として扱おう。

マネージャのダミアンは私より年下だが、まったく気にしていない。チームメイトもお互いに誰が年齢が上だとか下だとか、全く意識していないし、そもそも知らない。年やスキルや経験年数で、上下のランク付けをしたり、ましてやマウンティングをするような感覚は皆無だ。

ダミアンの上司ボルカーも同じで、偉い人と話しているという感じはなく対等にフランクに話せる。新人だろうがベテランだろうが、社長だって同じ仕事をする仲間。役割が違うだけで、上の人が下の人をコントロールする、管理するという感覚自体がない。

ボスであっても、私たちに**仕事を依頼するときは「お願いモード」**だ。たとえそれが決まっている「月次報告」のようなものであっても、命令口調で偉そうにしている人は見たことがない。ボスの発言が絶対というイメージもなく、ディスカッションではみんなで遠慮なくフラットに意見を交わす。上司の意見と違うことを言う場合、「顔をつぶさないように」細心の注意を要する日本とは全くカルチャーが異なる部分だ。

全ての仕事が「プル（pull）型」――つまり、困ったら主体的に気軽に助けを求めて、他の人がすぐ助ける――それだけなのだ。

ちなみにマイクロソフトでは、マネージャより上の上級職の人たちも、判断に困ったら素直に現場にアドバイスを求めてくる。チームでその分野の知見が深い人や意見を持っている人が彼らに提案する。

上席が意見を求めてくるからといって社員は誰も彼らのことを「頼りない」などと思わないし、むしろ「現場を尊重する素晴らしいマネジメントだ」と思っている。チームメンバーが上司の悪口を言っているのも聞いたことがない。そのフラットな人間関係から生まれるコミュニケーションが、会社としての集合知を効率よく高めてもいる。

失敗に寛容な職場がチャレンジ精神を生む

マイクロソフトの職場は失敗にとても寛容だ。

ソフトウェア開発の世界では、「Demo or Die」と言われるほど、アイデアも大事だが実際にデモンストレーションで見せられなきゃ意味がない、という価値観がある。それなのに、私は新しいチームに移って初めてのデモの機会で、大失敗してしまったことがある。自分のやってきた仕事を知ってもらい、多くの参加者からフィードバックを受ける絶好のチャンスだった。「新しい職場だし、俺は元エバンジェリストだし、何千回とデモしてきた経験があるし、ここは一発かましとこ！」

そんな意気込みで臨んだリモートでのプレゼンは、そもそもまずソフトの最初の一番簡単なHello World的なものが立ち上がらない。Teams＋スクリーンシェア＋紹介するクライアントアプリという構成で過去に何度かデモして上手くいっていたのに、パソコンが恐ろしく重く、ページ送りですら緩慢な状態になってしまった。

急遽、パワポと事前に撮ったビデオを使って口頭でしのいだが、用意した内容の3分の

1も見せられず、自分的には100点中5点の結果となった。そのときの上司の言葉が忘れられない。

「失敗なんて思わなくていい。私たちはいつも未知のことをやってるのだから、こういうことは起こるんだ。だから気にしなくていい」

別のときには、Buildという最大規模のイベントを数日後にひかえる中、自分がつくったイメージデータが壊れていると連絡が入り、速攻で対処したこともある。かなり致命的なミスで土下座したい気分だったが、マネージャに報告したら「よくあることだよ。この前なんてさ……」みたいな話をして慰めてくれた。

総じて失敗に寛容なのだ。それよりも、自分がミスして、「ほんと申し訳なくて……」(I'm awfully sorry about that)とか言ってると、そんな反省している空気がみんな苦手らしく、「問題ないよ」「むしろ助かったよ」と言ってくれる。

失敗しても、ポジティブな態度でいるほうが彼らには心地がいいようだ。

実のところ、アメリカに来てから、失敗数は増えた。先のデプロイの話にしろ、大きなイベントが控えているのに、いろいろ自動化して工夫をしたり、必死でパラメータを調査したりしていたから起こったことだ。

結局自分の能力を上回る領域にチャレンジするからこそ「失敗」は起こる。振り返ってみれば日本にいるときは「成功」ばかりで、安全圏の外に出てチャレンジしていなかったことを痛感する。

未知に挑むのは恐怖感があるが、各人がそれを繰り返すことで、実力もぐんぐん向上していく。そのためには誰が失敗しても寛容であるチームの空気感が非常に重要になってくる。

失敗しても、「よいフィードバックをありがとう!」という声掛けがあるからこそ楽しんで果敢にチャレンジできるのだ。

「Be Lazy」を推奨し、休暇を尊重する

マネージャのダミアンをはじめ、それより上席の人たち、そして同僚のチームメイトもみな共通して、「Be Lazy」――より少ない工数で、多くのバリューを出すことに高い価値を見出している。先にも紹介したように、この考え方においては、ただたくさん仕事をするのではなく、**「作業量を減らして、インパクトのあるものに集中する」**。

だから、逆に残業とか休日出勤をしていると、同僚たちは渋い顔をして「休暇をとろうよ」と心の底から言ってくれる。日本のように深夜残業や徹夜などを「頑張ってるな」と

褒めるような文化はない。

楽に効率よくいい成果を出したら、みんなが喜んでくれる。「うまくやったな！　今日はもうパブにでも行こうぜ！」と言う。誰も「定時まではいないといけない」と言う人はいない。４時頃に帰る人がいても誰もなにも言わないし、子供を迎えに行くからと、仕事の途中で抜ける人もいるが誰も気にしない。

休暇を尊重する空気も特筆すべきものがある。日本では、仕事が終わっていないと休暇中でも「仕事しないといけない」みたいなプレッシャーが来ることは珍しくない。まとまった休暇をとりたければ、プロジェクトをそれまでに終わらせておくことが求められる。

インターナショナルチームでは、休暇をとることが無条件に尊重される。仕事が途中だろうが、誰も責める人はいない。

休暇中に仕事の催促がたまっても、「レスが遅くなって申し訳ない。ここ直近休暇だったのです。今日やります」とメールすれば、「ああ、そうだったのか。ありがとう。君が素敵な休日を楽しんだことを願ってるよ！」と返ってくる。

社内外問わず、休暇中は、よほどの事態が起こらない限り、何か対応を求められることはない。

自分も相手が休暇だったら、「あー休暇だったら仕方ないね」で諦める。自分だってせっかくの休暇中に、メールがバンバンやってきて対応に追われたら何しに来ているのかわからなくなる。休暇は貴重で、尊重するものという認識が行き渡っているのだ。

チームにパワーを持たせることの価値

海外で同業者たちの活躍を見ていると、日本以外の国は「開発者」と「運用者」、つまり現場の人が技術や方法論選定のパワーを持っていることに気づく。日本はマネージャが決めて、現場に決定権がない。

しかし、新技術導入を推し進めるのに必要なのは、そこに対して鼻の利かない管理職の承認ではなく、現場を信頼して任せることによって各技術者がパワーを持ち、チームが自ら考えて意思決定していく組織である。チームが自ら判断していけば、新しいチャレンジも活発化されてくる。

一人が、他人に対してすべての要素で優れているということはほぼない。こと今のような変化の激しい時代には、みんなのＣＰＵを結集して問題解決に当たるほうがパフォーマンスを発揮しやすい。

もしチーム内に「指示待ち」の人が多いなら、人間は成長するのだから、「できない人を何とか管理する」という発想は捨て、大人扱いして「できる人」にするほうがずっと効率がいい。とくにソフトウェア開発の場合、「できない人」に焦点を合わせて管理すると、できる人も増えなければ、突出した上位層も十全にパフォーマンスを発揮しようとしなくなるため、会社全体の生産性が上がらない。

できる人たちにのびのびとパフォーマンスを発揮してほしかったら、何よりもチームメンバーが「仕事を楽しめる」環境をつくることだ。

指示されてやる仕事なんて、面白くもなんともない。みな自分の意思で選択した仕事をプロフェッショナルにこなしていきたいのだ。少なくとも私やまわりの同僚たちはそうだ。

現在の日本の組織の体質は、「サーバントリーダーシップ」の考え方からほど遠い会社も多いかもしれない。ここで「うちはできない」というのは簡単だが、そうやっている間に、海外とどんどん差をあけられていくのも確かだ。

会社のルールなんて所詮どこかのオジサンが過去に決めたものだ。過去にはそのルールは有効だったが、現時点で有意義かどうかはわからない。ルールは時代と共に変化していくもので、そこに人間が縛られるのはナンセンスだ。

従来のやり方にこだわるよりも、自分がより良い仕事をして楽に成果を出せるよう、恐れずに変化へと踏み出そう。

私は、世界基準で自分の仕事を磨いて、もっと世界に貢献したいといつも思っている。

私の職業上の次のゴールは、「世界のどこでもご飯を食べられるようになること」だから。

COLUMN

アメリカのキャリアアップ文化

アメリカの企業で働いていると常に「レイオフ」の可能性があるが、その分、再就職は日本よりもずっとしやすいイメージがある。私はすでに50代だが、年齢のことを一切聞かれない文化は気が楽だ。

アメリカでのキャリアアップはすべて「自分次第」だ。ジョブレベルと呼ばれるレベルが設定されていて、このレベルの人はこういう仕事ができると定義されている。上のレベルにランクを上げたかったら、自分のレベルより一つ上のレベルの仕事に取り組んでいるとプロモートされる仕組みなので、割とシンプルだ。ただ、誰もが上を目指すわけではなく、スキル的には本当はもっとできるが忙しくなりたくないからこのレベルに留まろう、と判断している人もいる。だからキャリアの組み立て方は、本当に自分次第だ。

私にとって非常にありがたいのは、専門職にも高いランクの立場があることだ。日本の企業にいたときは、例えばプログラマで良い給料をもらうのは難しかった。どこかでマネージャにならないと給料ランクが上がらないので、大抵の人はマネージャを目指していた。

でも自分としては断然プログラマのほうが楽しい。アメリカでは、プログラマの職でも高度なレベルが設定されているので、レベル・給料も上げていくことが可能だ。

また、いったんマネージャになっても、IC（Individual Contributor／管理職ではない専門職）に戻る人もいる。基本的に、「マネージャのほうが上」というよりは、別の職種とみなされている雰囲気だ。

また、私のいるシアトルエリアでは、給料を上げるために転職をする人も多い。アマゾン、グーグル、マイクロソフトあたりを渡り歩いていると、一番給料を上げやすいのは転職のタイミングなので、そこで交渉して給与レベルを上げていく人たちもいる。

現在の自分はシニアエンジニアというレベルだが、次のプリンシパルになるとかなり大変そうなので、ベストを尽くしつつ、ランクは今のままでもいいかなと思っている。

第6章

仕事と人生の質を高める生活習慣術

――「タイムボックス」制から身体づくりまで

同僚たちのワークライフバランス

本章では、日々の生活習慣について考えていきたい。生活面を含めてトータルで心身をどう整えていくかが、仕事のパフォーマンスに直結するからだ。実際、世界トップのエンジニアたちはみな身体のコンディションに気を配りつつ、ワークライフバランスを組み立てている。

仕事に臨むマインドはどこから生まれてくるかといったら、「身体」に他ならない。とくに中年以降、体力の衰えとともに不調を感じる場面も増えるだろう。いかにメンタルを守り、身体とどう付き合うかのヒントになればと思う。

最初に、わが同僚たちのワークライフバランスの様子にふれておきたい。

コロナの流行を機に、アメリカでもリモートワークが一般的になった。マイクロソフトでは、以前からリモートワークをできる体制が整っていたし、実際荷物の受け取りなどがあるときに、自宅勤務やリモートワークも簡単に選択できていた。

当時のマネージャのリチャードは子供の世話で定期的にリモートワークをしていたが、

コロナ禍で完全に在宅勤務に切り替えたし、何人かの同僚は引っ越しをした。ある同僚はニューヨークに住むようになり、自分の地元に帰った人も多い。そのあたりは完全にフリーダムだ。

コロナ後の様子はどうかというと、私のチームだと、毎日オフィスに来るのは、自分とポールとアレクセイの3人くらいだ。とくに家族持ちの人はリモートワークの便利さから戻れないのだろう。私は独身で、今パートナーもいないので、毎日出社するのが好きだ。

シアトルの大手テクノロジーカンパニーなどは、おおむね週3回の出社を求めているが、マイクロソフトだけはそうした要請が一切ない。ただ面白いことに、何の強制もないのに、自然と人々はオフィスに少しずつ戻るようになってきている。

コロナを機に浸透したリモートワークは、現在のアメリカでのワークライフバランスにとても良い影響を与えたと思う。**各人が自由に勤務形態を選べるので、ライフスタイルに合わせてみんな違う働き方をしている**。

一般的には、大体9時から5時くらいまで働く人が多い。子供がいる人は、子供の送り迎えとかが重要なので、私の上司を見ていると、朝7時ぐらいからメールの返信、Pull Requestのレビューをさっと行い、その後オフラインになり（子供の朝食の支度や送迎をしているのだと思う）、そして9時頃から復活して4時まで仕事をして、会社にいるときは帰宅する。何かあるときは6時ぐらいにオンラインで復活して、ちょっと仕事をする様子だ。同僚のシドは、よく「飯にいこうぜー」と誘ってくれるが、いつも6時上がりだ。でも、土曜に働いている。プリンシパルの彼は平日会議ばかりなので、土曜のほうがゆっくり自分の仕事ができるようだ。

このように、人の働き方は千差万別だ。でも各人が、自分が一番生産的になれて、家族やライフスタイルとのバランスをとれるよう工夫をしている。日本では、みんな足並みをそろえないと認められない雰囲気があったが、こちらは人それぞれの働き方が尊重されている。

「残業しない」だけではなく、個々人が自由に「好きな時間」に仕事をする。成果が出ていればなんでもいい。人は性格も文化もみんな違うのだから。

そんな前提を踏まえつつ、続くノウハウをヒントにして頂けたらと思う。

生産性を上げたければ定時上がりが効率が良い

皆さんも、長時間労働はかえって効率が悪いという話は聞いたことがあるだろう。長年、私もそのぐらいの認識はあって、昔からきちんと休もうと努力するが、「アウトプットが減ってしまうから満足できずに元に戻る」ことの繰り返しだった。

開発チームに加わってからというもの、ドリームジョブの中にいるから非常に楽しいが、プライベートの充実感は低かった。連日、深夜まで仕事に取り組み、やってもやっても終わらない作業で押しつぶされそうだった。決してやらされているわけではなく、納期もないのに、作業していないと不安になってしまう心理状態だった。

一日の大半が仕事で埋め尽くされているので、それ以外のことが全くできていない。人付き合いに時間を使えないし、家の中はぐちゃぐちゃだし、渡米後の事務処理もままならず必要な書類すら読めていない。30代のときにADHDと診断されている私は、昔からそういう整理が極度に苦手だったこともあり、ほったらかしだった。

だから、「自分の人生をコントロールできていない感」が常に自分の中にくすぶっていた。ADHDなのだから「人生のコントロール」はもう諦めるしかないのだとも思っていた。

アメリカに来て2年経った頃、私は精神的、体力的にすっかり限界を感じていた。英語の環境下で、相当チャレンジを重ねてきて、周りはものすごくプログラミングができて技術力が高い中で成果を出すには、とにかく頑張るしかなかった。会社や上司からのプレッシャーはないが、自分の実力不足は痛感していたから、職場は修行の場だと思って、猛烈に働いていたのだ。

ある日ふと、「もう挑戦はやめて日本に帰ろうかなぁ。プログラマが自分に向いてないのはわかってるし……」と思った。自分は何がしたかったんだろう、自分は本当に幸せなのかな、と壁にぶつかった。

そんな折、メンターのクリスとのメンタリングのセッションがまわってきた。クリスは友人であると同時に、自分がこんな風になりたいと思う「超一流」の人だったから、私のメンター役を引き受けてもらっていた。

毎日仕事して寝るだけの生活が続いている、でも自分の実力はわかっているから生産性を上げたいという悩みを話した。すると彼は、

「生産性を上げるためには学習だよ。だから、僕は仕事を定時ぐらいで切り上げる。その後で、自分のやりたいトピックを勉強したり試したりする。ずっと仕事していると疲れるし、たとえ同じプログラミングでも、仕事と切り離したものはリラックスしてできるよね」

ああ、そうか……生産性が上がる秘訣は「学習」なのか。仕事ばかりしていては短期的なアウトプットは上がったように見えても、根本的な生産性が上がらないんだ——。

本当に生産性を上げたければ長時間労働をやめないといけない、というシンプルな事実に気づかされて、衝撃を受けた。

私のチームを観察するとどうか？　技術的にイケてる人たちを見ると、インド人の同僚

など、私のように遅くまで頑張る人も多い。だが、職場で自分が目指しているタイプを観察すると、大抵定時くらいで帰っている。アメリカ人は極力、時間外労働はしない。チーム内でもっとも忙しく、技術力に秀でたファビオも「長時間労働はサステナブルじゃないって、よくメンバーにも言ってるんだ」と言う。

友達のデビッドにいたっては、「ずっと仕事をするのは、神の計画ではない」と断言する。確かに仕事ばかりしているのは動物としてすごく不自然だ。だから、とても怖かったけれど一念発起して、定時上がりに切り替えることにした。

「タイムボックス」制で、学習の時間を確保する

今までは、時短を試みても「アウトカム」重視派だったので、切りのいいところまでやろうと考えて、結局寝る直前までかかってしまうことが頻繁にあった。作業の節目ではなく、絶対的に「仕事の終わりを迎える」必要がある。ソリューションは簡単だった。

「タイムボックス」制だ。

例えば、5時になったら仕事が途中でも、どんなに切りが悪くても、すぐに仕事をやめる。いつの間にか時間が過ぎてしまわないよう、5時きっかりにアラームをセットして。

絶対に時間をオーバーすることはないよう、しばらく無理矢理にでも「タイムボックス」で生活してみたらどうなったか？

まず、5時に強制終了するようにすると、就業後にランニングできるようになった。頭がすっきりとリフレッシュするのがわかるし、夜に本を読んだり、ギターを弾いたり、ゲームしたりする余裕が生まれた。以前はそうした時間にすごく罪悪感を感じたが、一番イケてる人たちの意見を信じることにしたのだ。

タイムボックス導入と同時に**朝型の生活にシフトして、必ず夜10時には寝るスタイルにしてみた**。すると1週間もしないうちに、というか翌日から**頭が冴えて生産性が上がった**。

正直マジかよ！　と思ったが、今までどれだけ働きすぎて頭の切れが鈍くなっていたかを痛感した。運動をしなければ、動物として何かがおかしくなるのも当然だし、深夜まで起きて作業したって、ろくに頭が働いていなかったのだ。人間は週40時間労働が一番生産性が上がるという説もあるし、確かに時間を区切ったほうが合理的だ。

これを機に、**朝起きてから就業前までの数時間を「学習」の時間に充てる**ことにした。

仕事ではなく、新しい技術を学んだり、自分が知らない技術を学ぶ時間に割り当てる。具体的には、自分がなんとなくでしか理解していなかった技術の教育コースを受講したり、LeetCodeというプログラミング学習サイトで問題に挑戦したり、コード品質向上の本を読んでみたりした。本や教育コースでまとまった勉強をすることで、よくわからなかったことへの理解の解像度が上がるのは楽しいし、安心感にもつながる。

数カ月後、その効果は顕著に表れて、コードベース（ソースコードの集まり）への理解が深まり、仕事をコントロールできている感が格段に高まったのだ。技術力がぐんぐん上がる手応えも感じる。日々忙しくしているが5時には確実に仕事が終わるので、ストレスも

5:00	起床 体重・体脂肪率・筋肉量の測定
6:00	食事（カロリー計算済み） 植物性のプロテインと サプリメントも飲む HIIT（10分間） 弁当（脂肪分少なめ、 カロリー計算したメニュー） プロテインの準備
7:00	出社（車移動）
7:30	オフィス到着 勉強
8:30	業務スタート
12:00	ランチ（自作弁当持参）
12:45	業務
15:00	休憩　プロテインを飲む
15:15	業務
17:00	退社
17:30	筋トレ（週3回）
19:00	食事 自由時間 ・ギター　・勉強 ・趣味のプログラミング ・漫画　等
21:00	就寝準備 ・プロテインを飲む ・ディスプレイを あまり見ない ・音楽を聴く ・物理本を読む　等
22:00	就寝

図18　牛尾流タイムボックス制の1日の時間割

あまり溜まらない。

タイムボックス制を始めたのは1年でもっとも忙しい時期である5月だったが、**実働時間が減ったのに生産性は落ちるどころか、いきなり上がった感がある**。

さらに「データドリブン」を採用し、今どれくらい何に時間を使っているのかを正確に分析してみた。自分は何かの作業をするときに、OneNoteというツールでメモを取る癖があるが、そこにスタートと終了時間を記録するようにした。

自分がなんとなくこれぐらい時間を使ったと「感じる」ことと実際どれだけかかったかは意外に違うものだ。それを振り返って、何にどのくらい時間を配分するかを決めることでさらに効率は上がった。

このときの注意点は、「完了」に焦点を当てないこと。予定はあくまで予定なのだから、タスクが終わらなくても割り当てた時間内でやめる。完了は目指さず、区切られた時間で集中するのがタイムボックス制を使いこなすコツだ。

「脳の酷使をやめる」三つの工夫

なぜタイムボックス制で仕事の効率が高まったかというと、詰まるところ「脳の酷使をやめた」ことに尽きると思う。デスクワークにおいて生産性を阻む大きな要因は、身体以上に「脳の疲れ」だ。

最近は、なんでもコンピュータの画面経由で物事が進む。プログラミング自体がそうだし、他の人とのコミュニケーションもTeamsだし、趣味でギターを弾くときもＤＴＭを使うし、漫画を読むときもiPadなので、常に「ディスプレイ」を見ている。ほぼ一日中ディスプレイを見ている傾向は、コロナになってからより一層ひどくなっている人も多い。

ひと昔前に比べて、我々が受け取る情報量はスマートフォンやインターネットの普及で爆発的に増加しているから、脳も疲れて当然だ。脳がくたびれていると当然集中力や思考力は低下し、記憶力だって悪くなる。

私の場合、一日中パソコンを使う環境というのは避けられないので、生活習慣として次の対策に意識的に取り組むようにした。

1　瞑想をする（マインドフルネス）。
2　ディスプレイから意識的に離れる。
3　しっかり睡眠時間をとる。

順をおって説明していこう。

1．瞑想について

瞑想は、よくスタートアップや経営の本などでも紹介されていたが、なぜ必要なのかわかってきた。瞑想によって、深く脳を休ませることができる。故スティーブ・ジョブズが禅思想の影響を受けて瞑想を愛したことはよく知られているが、瞑想をベースにしたマインドフルネスはグーグルをはじめ、インテル、ナイキなどの大企業の研修にも多く取り入れられている。瞑想のやり方については、いろいろ書籍やウェブサイトにのっているので好きなものをやればいいが、私は次のような感じだ。

・5分から10分ぐらいのタイマーをセットする。
・できるだけ何も考えないようにする。鼻から息を吸って、ひんやりとした感覚がすることに意識を集中する。そして、ゆっくりと口から息を吐く。
・それでも雑念が頭に浮かんでしまうときは、自分はこういうことを考えたなと認めて、また鼻からの呼吸に集中しなおす。

たった5分間でも、結構頭がリセットされる感があるのでおすすめだ。

2. ディスプレイから意識的に離れる時間をつくる

これは最初、罪悪感があった。仕事の作業はもちろん、エンジニアとしてできるだけ勉強はしたいから、長年ディスプレイはもう身体の一部のようなものだった。気晴らしに漫画を読むときやNetflixをみるときもiPadばかりだ。

一日の中で、意識的に「ディスプレイを見ない」時間をつくることにした。せっかく夜に自分の時間ができても、ディスプレイ漬けではさっぱり脳の休息にならない。ディスプレイからはたえず、可視光線の中でもっとも波長が短くて強いエネルギーをもったブルーライトが放たれている。長時間さらされるとどうしたって目が疲れ、頭痛や、体内時計の変調の原因になったりするのは当たり前だ。なるべく就寝の2時間前からはディスプレイを遠ざけておくことが眠りの深さにつながることを実感している。

余談だが、私はブルーライトカットの眼鏡、しかも90%以上カットするものを使っている。見た目はほぼサングラスのようだ。最近ブルーライトカットの眼鏡は効果が無いという論文が発表されたようだが、体感的にはとても効果が高い。ブルーライトカットの部分というよりも、「サングラス」のようなので目が保護されているのかもしれない。

3．しっかり睡眠をとる

私は長らく5時間以下の睡眠で、夜型の人間だった。エンジニアはとかく慢性的な睡眠不足に悩まされがちだ。

睡眠が脳に与える影響は大きい。寝ているときに脳の血流は、神経細胞に酸素や栄養を届けて老廃物を回収する。ボストン大学の研究では、アルツハイマー病の原因の一つのβアミロイドなどの毒素も睡眠中に洗い流されていることがわかっている。老化とも密接にかかわっていて、アメリカの100万人以上を対象とした大規模調査では、睡眠時間が7時間確保できている人がもっとも死亡率が低くて長生きするという結果も出ている。

何よりも睡眠不足は脳の集中力、処理能力、記憶力に悪影響を与えるため、**脳を十分に休ませることは、生産性を上げるための絶対条件**だ。脳も身体なので、有限のリソースだ。だから、「使うところ」の意識的な取捨選択が必要になってくる。優秀な同僚ほどしっかりと寝て、自分の趣味の時間や家族との時間も大事にしている。

違うことをするのがリフレッシュに

脳を休めたかったら、全く違うことをするのも効果的だ。私の場合、「頭を使わない手作業」が合っていて、趣味の「ギターを弾く」ことがとてもよいリフレッシュになっている。平日の夜にそういう時間をもつことに罪悪感があったが、日々30分～1時間程度、堂々と弾くようにした。

実際に試してみると、朝からエネルギーがある状態になってきた。夜に脳を休ませて手作業するだけで、日中パソコンを使うときに集中力が生まれて、ずっと楽しい感じがする。何よりも好きなことをする時間が生命力を賦活《ふかつ》してくれるようだ。

実はアメリカに来てから2年間は、うまく休日を取ることができなかった。仕事をちゃんとやり切れていないという自覚があったし、自分の中で設定した納期が守れないことも多かった。だから、休まずに働いたら生産性に悪いとわかってはいても、やめられなかったのだ。

考え方が変わった一つのきっかけは、『Time off』（John Fitch & Max Frenzel著）という本との出会いだった。要点を簡潔にまとめると以下の通りだ。

・水泳をするときに、息継ぎせずに泳ぐことはできない。
・発想のブレークスルーは、その仕事をしていないときに発生する。
・一日に一つのことに集中できるのは4時間。4時間過ぎて疲れたら、単に休むのではなく、違うことをするのが良い。
・休息する（Take a rest）のは、何もしないことではなく、いつもと違うことをするのが重要。

休み方が上手くなって「生産性を向上させる」ための本なのだが、正直私は休むのに罪悪感を感じる人間なので、休息の利点をロジカルに学べたのは大きな後押しになった。

「一つの作業に4時間集中したら別のことをやると良い」というのは体感的にもそうだ。いつもと違うことをするのが休息になる——飽きずに長続きする秘訣がこのあたりにありそうだ。昔一緒にバンドをやっていたベースが恐ろしく上手かった先輩が「飽きっぽいから、飽きたら違うことやる」と言っていたことを思い出す。できる人は多趣味でいろいろなことができるのは、こういう理屈なのかと腑に落ちた。

脳が飽きる頃に違うことをやったほうがリフレッシュになるし、視野を広げる機会にもなる。切り替えが下手な私に大きなヒントを与えてくれた一冊だ。

掃除で「人生をコントロールする感覚」を取り戻す

もう一冊、人生に風穴をあけてくれた良書を紹介しよう。

私はADHDなこともあって、常に頭の中はいろいろな思考が乱れ飛んで一向にまとまらない。仕事に関してはある種の過集中ができるが、興味のないことについては最低だ。ペーパーワークなどは、引き延ばしまくって締め切りに間に合わないし、家の中はいつも散らかって大混乱。たとえ好きなことでも、粘り強く集中するのは苦手なので、いまいちになることもあった。

そういう、「自分の人生をコントロールできてない感」から脱却したいと、子供の頃からずっと思い続けていた。

ハーバード大学のショーン・エイカー著『幸福優位7つの法則　仕事も人生も充実させるハーバード式最新成功理論』（徳間書店）に書かれていた「幸せを感じるから成功するのであって、成功したら幸せになるわけではない」という研究結果は大きなヒントとなった。

多くの人は「（苦痛に耐えて）努力→成功→幸せ」に至るとイメージしてしまうが、真実は、「人が幸福感を覚えているとき、心のあり方や気分がポジティブであるときに、頭もよく働き、やる気も生じ、結果的にものごとがうまくいく」のだという。研究者たちは、**「幸せが、人の成功の指標となる重大な結果に先行する」**と断言しているのだ。

その本には、ポジティブな感情が生じやすい環境をつくる大切さが記されていたので、ふと、**「掃除をしてみよう」とひらめいた**。私は片づけが最大級に苦手で、コロナ禍で家に誰も来ないのをいいことに、部屋は盛大に散らかっていたが、幸せになって人生をコントロールするうえで、自分には掃除がいいはずだと直感した。

脳に急な負荷がかからないよう、まず「机の周りのみ片づける」ことだけやってみた。頑張って時間をかけて綺麗にしていると、不思議なことが起こった。

——あれ？　自分の頭が整理されている感がある。

ごちゃごちゃした頭の中がすーっと冷えていくのを感じる。

「よし、今日はほかのことはやめて、片づけだけをしてみよう」

そう無理をせず片づけを続けると、ますます頭が整理されてくるのを感じる。

そのとき、もう一つのひらめきを得た。あれ、もしかすると**今まで散らかっていたのは、「完了」させていないからではないか？**

自分の家は常に散らかっていたが、理由を考えてみると、いろいろなものを「完了」していない事実に気づいた。山積みになった郵便物、洗濯だけして放置された洗濯物、脱ぎ散らかした服や下着、こってり汚れた食器や食材が山積みのキッチン……これらはすべて「完了」していないタスクの塊だった。

あるいは「ランニングする」と決めるとする。自分の中で運動はパフォーマンスを維持するために大事なので、「走りに行く」ことはする。ところが走って帰ってきたら、服と靴下を脱ぎ散らかして、スポーツ飲料を自分でつくって、「よく走ったなー」と自分をほめて終わり。「走る」というメインの行為をやっただけで満足してしまう。

だが、本来「走る↓帰って服を着替える↓服を洗濯籠に入れる↓水分補給をする↓シャワーを浴びる」――ここまでやって完了なのだ。

私は生活習慣において、あらゆることが「未完了」だったことに気づいた。洗濯したら終わりではなく、「服をたたんで、収納して」完了だ。食事をしたら「食器を洗って、キッチンを掃除して」完了、郵便物を受け取ったら「開封して、中身を確認して、不要なものを捨てたり、処理して」完了なのだということに。

結局、さわりだけやって最後までやりきらないから、部屋が散らかっていくし、「あとでやろう」と思うからいつも気が散ってしまうし、ものが多すぎるからやるべきことも目に入らない。人生は何事につけ、一つひとつ完了しないと面倒臭さが倍増することにも気づいた。

そこで意を決して、何かをしたら必ず完了まで一息にやるように意識した。コーヒーを飲み終わったら、カップを洗ってしまうまでやる。そんな類のささやかな積み重ねが、何事も最後まで完了してしまわないと気持ち悪いという感覚へとつながっていった。

図19　片づけと「完了」で脳もスッキリ

するとどうだろう。驚いたことに、自動的に部屋が片づくようになった。

20年前にADHDと診断されたとき、初めて薬を処方されて「普通の人の感覚」を一時的に体験できて驚いたが、それが薬を飲まないで再現できていたのだ。

部屋が自然に片づいていて、外に出かけるときに「鍵」を一切探すことなくすっと手に取れたときの感動は、まるで稲妻が走ったような爽快感だった。まるで人生が再起動したかのようだ。

脳内が片づけによって整理されていったとき、ふと頭をよぎったのが、「もしかして自分はADHDだから整理ができなかったのではなく、整理ができていないからADHD症状が出ていたのではないか？」ということだった。

無論、医学的にはっきりしたことは言えないが、私のようにADHD傾向のグラデーションの中でも比較的軽度なタイプの場合、その特性が日々の生活習慣によって強化されたり大きく軽減されたりする側面もあるのではないだろうか。

当時の私のパソコンの中はぐちゃぐちゃで、メモやブログもおよそ整理されているとは言い難く、大量のメールも返信できてないし、気になっている技術調査や、クラウドに実行ファイルを配置するやり方の検証など「未完了」だらけだったから、脳が余計に混乱して仕事のコントロール感を失っていたのだと思う。

だが、片づけや掃除によって生活空間に秩序が生まれたことで、仕事においても**「整理され、検索せずにすぐ取り出せる状態になっていること」――そこまでやって「完了」と捉える**ようになった。これは仕事にコントロール感が生まれる強力な足がかりとなった。

整理の技術

物事を「完了する」効用に目覚めてからすぐ、「整理の技術」について学んだ。今度はパソコンの中身の整理だ。

これには『あなたの1日を3時間増やす「超整理術」』（角川フォレスタ）という本が役立った。「成果を出す人というのは、あらゆる点で整理が行き届いている」という指摘とともに「身の回りの整理」→「情報の整理」→「頭の中の整理」の流れで整理力を高める大切さが説かれていた。まさに、図星だった。

最初は「デスクトップの整理」からだ。まず全ての行動した時間をOneNoteに記録する癖をつけるだけで、大幅に作業効率が改善されたし、一つひとつの技術的タスクを検索せずに必要なデータをパッと取り出せる状態に整理してから「完了」するようにしたら、恐ろしいほど効率が上がった。

コンピュータの整理のポイントは、「必要なものをいかに簡単に取り出せるか？」に尽きる。

その方法はいくつかあって、テーマごとにフォルダやドキュメントを整理された状態にする方法もあるし、コンピュータの検索でひっかけやすくする方法もある。

仕事でよく使うＷｅｂサイト、リポジトリ、チケット管理システムのＵＲＬなどはまとめて整理しておくと、ワンクリックでそこに行けるので時間の節約になる。

仕事でよく使うクエリ（データベースに対する命令文）は毎回書くのではなく、ダッシュボードにして整理しておくと、複数のクエリを一度に実行できるので時間の節約になるし、他の人にすぐ渡すこともできる。

自分で定期的に実行することは、自動化しておくのも良い整理方法だ。私はみんなが手作業でやっていることでも自動化するのが好きなので、そういう「仕事のプロセス」の整理もする。

もう一つのポイントは、**「自分がどこに情報を置いたか記憶する癖をつける」**ということだ。階層化して整理をしても、どこに情報があるかを覚えていれば数クリックでアクセスできる。検索してもいいが、一発でたどり着ける検索用のキーワードを覚える癖をつけたりするとよい。今は何でもクラウドに保存できるので、「記憶」は軽視されがちだが、生産性を上げるために地味にすごい武器になる。

整理の仕方一つで各タスクの進捗や優先順位への理解が高まるし、作業を再開したときも、「検索＋思い出し」に時間を浪費することなく、すぐ取りかかれるのだ。

さらに副次的な効用として、**物理的に「整理する」のは時間がかかるが、頭の中も整理され、「細かいこと」への目配りが利いてくる**。

「あれ、このパラメータ理解してないな。どういう意味だろう？」「Windowsでできたけど、Linuxだとどうやるんだろう？」など、普段の自分がしないようなすべてのコマンドのパラメータの意味の調査や、コンセプトの調査をするようになっていた。つまり、ここでも自然と「理解に時間をかける」習慣ができたのだ。

かつて、私の技術の師匠のかずきさんは、良いプログラマになるためのコツを二つ挙げていた。

・新しいことを学んだらブログを書く。
・ブログを書くとき、サンプルコードそのままではなく、少し変えて試してみる。

つまり、書いて「整理する」プロセスで、頭の中も整理されて記憶に残りやすくなり、実践可能な知識に近づきやすくなる。自分が思い出すプロセスを実行するので、記憶の定着にも貢献する。

作業を速く行おうとしては、技術イケメンと比べて「なんだか理解が浅いよなぁ」と常にコンプレックスを感じていたが、完了まで含めた整理をするようになってから、今まで味わったことのない「仕事をコントロールできている感」が生まれた。

「完了」の重要性と「整理」のレバレッジの高さと重要さに気づいてから数カ月——自分

のADHD症状はゼロになったと言っても過言ではないほど改善された。薬も一切飲まずにだ。

デスクまわりやパソコンの中が整理されていると、気移りがしない。なにか調べ終わったらきちんとタブを閉じる。探さなくても情報をすぐ取り出せるから、頭も整理されている。

まるで違う人間になったように生産性が上がっただけでなく、しっかり運動もし、夜にはアニメなどを楽しむ余裕も生まれた。仕事以外の様々なことをしっかり完了するまで行える。これこそが本当に心から望んでいた「人生がコントロールされた状態」だ。

私がずっと得たかったものがアメリカで手に入るとは思ってもみなかった。生産性を高めるにはどうすればいいのかを徹底的に突き詰めた先に見えてきたのは、仕事と人生の両輪に共通する、脳の負荷を減らして整理する方法論だったのだ。

物理的なエネルギー不足をどう解消するか

さてここで、ちょくちょく言及してきた運動について、具体的に触れておきたい。

人生半ばも過ぎて中高年に差し掛かると、どうしても体力と気力が落ちてきがちだ。私自身は、アメリカに来て車での移動が中心になったことや、コロナ禍でリモートワークが増えたことで、圧倒的に運動量が減り、50代になってテストステロンが減少して、やる気、活気が著しく停滞した時期があった。

その兆候は土日の朝にどうしてもダラダラしてしまうという形で現れた。ぱっと起きて朝からいろいろやりたいのに、一日中ぐったりしてしまい、さっぱり「気力」が湧かないのだ。

こうした加齢からくる身体の不調は、仕事のスキル云々以前のところで、物理的な対策をとるしかない。

同僚たちを見ていると、意外に良い体形をしている人が多い。アメリカ人っぽいマッチョな人もいるが、運動によって体形をキープしている人が多い印象で、みんな身体のコンディションには気を遣っているようだ。会社の福利厚生でジムの年会費が無料になるため、私も利用している。

男性の更年期障害的な不調に、一時は本当に悩んだが、**運動を高プライオリティにすることと、テストステロンを増やすこと**の二つが解決策となった。

まず、テストステロン増強のために着手したのは、**筋トレ**だ。

週3回の筋トレは、カーディオのステッパ10分でウォームアップをしたのち、胸、トライセップの日、背中、バイセップの日、足と肩の日と**パーツを分けて実施している**。分けている理由は筋肉痛があるときに同じ箇所をやっても無駄だからだ。筋肉は、筋トレをして筋繊維を破壊し、回復するときに肥大化する。つまり、休んでいるときに筋肉が育つので、順ぐりに各パーツを休ませるようにしている。

加えて**一日10分の高強度インターバルトレーニング**、つまりＨＩＩＴ（High Intensity Interval Training）を実施している。30〜45秒集中してきつい筋トレをやって、10〜15秒のインターバルをはさむ。これを10分間繰り返すだけで、30分ランニングする以上の効果があり、トレーニング後の持続性も高い。時間があまりとられないのでとても効率が良い。やり方はYouTubeにいろいろな解説動画が出ているから、好きなメニューをやるとよいだろう。

とくに40歳以降、なにもやらなければ筋肉は年々落ちる一方なので、筋トレは基礎体力の維持に必須だし、基礎代謝を高めてくれるので病気にもなりにくくなる。

ただし、私の場合、筋肉を鍛えるだけでは、気力は復活しなかった。

「元気さ」を取り戻すには、有酸素系運動もする必要があったのだ。有酸素系は筋肉の増加にはあまりプラスに働かないのでトレーナーでも取り入れない人もいるが、やはり毎日有酸素系の運動は必須だと思う。私はランニング系があまり得意でないが、次のやり方に絞った。

・毎日30分有酸素系を含む運動をする。
・低負荷でよい（ウォーキングもOK）。
・ランニングしている場合、つらくなったらすぐ歩く。
・毎日30分の運動をすべてのことに対して最優先とする。

毎日必ず30分、朝のランニング＋ウォーキングをするようにした。負荷をかけると、体が「いやだなーやりたくないなー」と訴えるので、そうなる前に、**しんどかったら歩いて「心地よい」感覚だけを残すようにした**。朝にしたのは、極力割り込みが入らない時間帯だからだ。

これを1週間以上続けていたら、悩まされていた「気力のなさ」がだんだん解消されてきた。3カ月後の変化は劇的だった。土日に起き上がれなくてだらだら漫画を読んだりしていたが、どうにも心身が重い……という状態は「体力のなさ」に起因していた。

毎朝30分の有酸素運動だけで、大きくメンタル面が改善されたのだ。気合でもやる気の問題でもなく、物理的な「エネルギー量」の問題だった。

毎日30分の身体への投資は、必ず行うことをおすすめしたい。元気があれば何だってできるのだから。今振り返ると、HIITは筋トレでかつ有酸素運動も兼ねているのでそれでも良い気がするが、リモートワークをしていると体力が極端に落ちやすいので、単純に「運動量」を増やすのも大切な要素のようだ。

なお、個人差はあると思うが、ランニングの習慣によって、頭はクリアに働くが足の疲労はどんどん蓄積していくかもしれない。筋トレと同じく、毎日同じ箇所を使っていると、疲労が溜まるわりにパフォーマンスが伸びないので、休養も必要だ。ランニングシューズをしっかりしたものにして足への負担を減らしつつ、週に何回やるかは自分に合ったペースでコントロールするといいだろう。

テストステロンを意識的に増やす

食事の面では、**肉類や玉ねぎ、加熱されたニンニクなどテストステロンを増やすのに効果のあるものを食べるとよい**。動物性たんぱく質がしっかり含まれた牛肉、豚肉、鶏肉、魚、乳製品、卵、亜鉛が豊富な牡蠣やレバーがおすすめだ。なかでも鶏レバーや豚レバーはテストステロン産生に密接にかかわるビタミンAがたくさん含まれている。

長時間の仕事中に軽くつまむものとしては、**ナッツ**がよいだろう。アメリカのエンジニアにナッツ好きは多く、亜鉛やミネラルに加えて、神経伝達物質であるアセチルコリンの原料となるレシチンも豊富に含まれるので、脳の老化防止と集中力アップにもつながる。

サプリメントに関する個人的なおすすめは、もう直球で**テストステロンブースター**を飲むことだ。とくに私のように年齢のいっている人は習慣的に摂取するとよい（日本でも同種のものが売っている）。加齢にともなう様々な不調を一気に改善できる可能性が高い。

一番手っ取り早いのはテストステロンを増やす注射だが、アメリカは医療費が高いので、私はテストステロンのパッチも使っている。これはものすごく効果てきめんで、私にはテストステロンブースターよりはるかに良かった。パッチでテストステロンを増強している間に筋トレをすると、恒常的にテストステロンを高められる感覚がする。運動の得意な人はマウンテンバイクや、長距離のランニングのような負荷の高いメニューと組み合わせてもより効果が持続できるだろう。

テストステロンが高まると、抑うつやイライラや不眠のような更年期特有の症状からも解放されやすい。もちろん集中力や記憶力の向上にも役立つ。

仕事のパフォーマンスの根底にある身体づくり、脳の休ませ方は生産性と直結するため、ぜひそれぞれの身体に合ったやり方で工夫するとよいだろう。

私は男性なのでテストステロンの話ばかりしてきたが、もし女性も同じように元気がなくなってきたのなら、「筋肉」が増えるような運動と食事を生活に取り入れるのがいいだろう。

同僚たちを見ていても、とくに女性はパーソナルトレーナーの指導を受けることで体調管理や身体づくりがよりうまくいっている。私自身、筋トレなど自分でやるとどうしても追い込むのが甘くなってしまうが、パーソナルトレーナーに指導してもらうと「俺死ぬんちゃうか?」ぐらいの勢いでぐったりして、筋肉痛三昧になることができる。これは筋肉が増えるサインなので最高だ。

今はいろいろなタイプのジムがあるので、こうした指導も含めて自分に合ったものを活用するとよいだろう。

第7章

AI時代をどう生き残るか？

——変化に即応する力と脱「批判文化」のすすめ

ＡＩと過去のテクノロジーの違い

たった数週間で世界が変わってしまった。世界中であれだけ持ち上げられていたプログラマという職業は一夜にして世間の見る目が変わってしまったようだ。近い将来いったいプログラマの仕事はどうなってしまうのだろう？

２０２３年の春、ChatGPT-4のリリースによる激震がアメリカでも走った。これはOpenAI社が開発した大規模言語モデルで、前バージョンから飛躍的に進化し、人間と同じように長文を理解し、生成し、要約し、対話ができ、画像や写真にも対応することから業界の「ゲームチェンジャー」として大きな注目を集めた。

これまでも破壊的なテクノロジーの台頭は人生の中で何度か経験してきた。パーソナルコンピュータの発明は衝撃的だったし、私が大学生のときに体験したインターネットもそうだった。iPhoneに象徴されるスマートフォンのインパクトも相当あった。

だが、それのどれも「脅威」と感じたことはなかった。なぜなら、やりたいなら自分がそれを使えばいいだけで、活用せずとも路頭に迷うわけではない。だが今回の技術革新によって、たとえＡＩに関わるプログラミングができたとしても、さほど遠くないうちにエンジニアという職業ジャンル自体がいらなくなるかもしれない。ＡＩモデルを開発したりトレーニングする職は多少必要かもしれないが、さほどの人数はいらないし、ＡＩに置き換えられるのも時間の問題なのだろうか、と不安にかられた。

以前、私はＡＩの勉強をしたことがあってモデルのトレーニングに取り組んでいた時期もあるが、あまり面白さを感じられずやめてしまった。正直、プログラミングのほうが１００倍好きだ。

だが、どう想像してみても、「プログラマ職」の未来に不穏な先行きしか感じない。それが５年後なのか10年後なのかはわからないけれど。ツイッター（現X）上でも、同様の漠然とした不安を抱えている人が多くいるようだ。

どんな職業ならＡＩに食われないだろう？

そこで、シアトルに住んでいる友人のＡＩの専門家に話を聞きにいった。もしかしたら「いやいや、ＡＩが発達するのはまだまだ先ですよ」と言われるかもしれないと期待して。

結果は真逆だった。ＡＩの開発者は今まさに花形だろうと思っていたら、「ChatGPTにやられて悔しい」と会議もお通夜のようだという。

彼とディスカッションした中で、**ＡＩに食われないものは、少なくともしばらくは身体的なもの、対人的なもの――創造的な仕事や、芸術などの分野ではないか**という話が出た。

例えば、レストランなどで、ＡＩが自動で完璧なおいしい料理をつくれたとしても、おそらく大半の人は、人間が料理し、給仕してくれるレストランで食事をしたがるだろう。音楽においても、例えばギターは演奏者の完璧でない部分が個性になったりする。ＡＩはまるでスティーヴィー・レイ・ヴォーンやジミヘンがそこにいるかのように演奏できるだろうが、それはすべて「過去の学習データ」で成り立つ。新しい個性がでてきたら、ＡＩの完璧な演奏よりも、人が弾く完璧でないオリジナルの演奏のほうが好まれるだろう。

では、エンジニアリングはどうか？

この分野は完璧であればあるほど良いので、ＡＩの進化を踏まえると早晩、人間は追い抜かれる。すぐ失業するわけではないにせよ、緩やかに、あるいは急激に今の仕事が奪われていく流れの中で、今後どうしていけばいいのか。

考えても仕方ないから、今はＡＩがアシストしてくれるプログラミングで生産性を上げて、エンジョイするしかないのかもしれない……。

ところが、思わぬところに、この問題を解決する鍵があった。

シアトル近郊のレッドモンドにある私の職場では、他のアメリカの友人たちは誰も不安そうな顔をしていない。「自分が今をエンジョイするしかない」という私のツイートに対して、友達のジェフはこうリプライしてくれた。

「**仕事がもはや面白くなくなったら、そのときは何か新しくて挑戦的なものを探すだけだよ**」

そして、友人のクリスのツイッターを見たらこんなやりとりがあった。

「自分が20歳だったら、すべてを投げ出してＡＩに人生をささげるのに！　自分の専門分野のすべてをなくしてしまうことを恐れてしまうし、抵抗がある。どうしたらいいかわからない」という書き込みに対してクリスはこう返していた。

「いいトリックがあって、**自分が何年も頑張ってきた分野のコンテキストで、どうしたらAIとアラインできるかを見つけ出して、そこから行くんだよ**。それはたぶん、多くの分野でとてもインパクトがある。大勢の人たちにとって、たくさんの機会が存在するよ」

これを読んだときにとても救われた気分になった。

自分が膨大な努力と時間を重ねてきた専門性が役に立たなくなる不安から、暗い将来を描いてしまっていたけれど、時がくればこれまでのコンテキストを生かしつつどうするのが良いか、どうしたら自分が世の中の役に立てるのかがわかるはずだ。

自分たちのやってきたプログラミングという仕事は、世界中で多くのタスクを自動化して、既存の仕事を奪ってきた。今度はＡＩによって自分がそうなる番なら、そこに恨みはない。でも自分が一生懸命取り組んで専門性を積み重ねていれば、世界が変わっていく様子を眺めながら、わくわくするような新しいコミットの仕方がきっと見えてくる。

クリスは先のツイート後に、彼の専門であるサーバーレスのプラグインで、早速OpenAIと連携するAzure Functionsの拡張機能をつくっていた。「悩む暇があればコードを書こうよ」と言われているようで、励みになった。

私はクラウドの分散システムでスケーリングを担当しているが、そんなロジックは世界のどこにも落ちていないので、ChatGPTも、Copilotもろくな回答ができない。どんな業界・業種にも、ＡＩが回答できないノウハウや専門知の集積があるはずだ。それがある間に、自分たちもＡＩを活用して生産性を上げながら、大好きなコーディングを楽しみたいと思う。

ChatGPTがやってきたときアメリカで起こっていたこと

ここで、革新的なテクノロジーが世の中で爆発的に広まったとき、その中の人はどういう体験をしていたか？　という（あまり語られることのない）視点から、破壊的な技術革新をどう受け止め、行動したらいいかを考えてみたい。

マイクロソフトは、OpenAI社に巨額出資をして協業関係にあるので、スタートアップには難しいコンピュートリソースを提供し、ChatGPTのバックエンドはAzureのテクノロジーで動作している。OpenAI社CEOのサム・アルトマン氏は、マイクロソフトCEOのサティア・ナデラのファンだと公言しているので、今後も協力しながら事業を進めるだろう。

GPT-4が世に出たとき、未来が完全に変わってしまうのかもしれないと思わせるほどのインパクトがあったし、私自身、エンジニア職の未来に不安を感じ動転したのは前述の通りだ。

冷静になって振り返れば、マイクロソフトが以前からAIに継続的に投資しているのは知っていた。マシンラーニングのサービスや、コグニティブサービス、コルタナといったそれに近いようなテクノロジーにはずっと投資してきている。だから中の人たちにとっては、地道にいろいろ積み重ねてきた中の一つが、ようやく花開いたものに見えている。

現にAI部門の友人に話を聞くと、ずいぶん前から準備していたもので、サティア・ナデラやビル・ゲイツも前年すでにデモンストレーションを見ていたらしい。

世間では、データ流出のリスクや回答の精度を問題視していたが、それも織り込み済みでリリースしている。というのも、衝撃の発表からほどなくして、マイクロソフトはAzure OpenAIサービスを発表した。これは、マイクロソフトのクラウド上で顧客専用のChatGPTのバックエンドサービスを提供するもので、情報漏洩の心配がない。ChatGPTの欠点を綺麗にカバーしてみせたすごいサービスだ。

マイクロソフトではその頃、おそらくそれを応用したであろうサービスが社内用に公開された。しかも、特定のリソース（Azureのオフィシャルドキュメント等）を学習済みで。また、Copilotというコーディングの支援をしてくれるGitHubのサービスも私たちは最初から使えていた（おかげで今もコーディングをしていると、「君の書きたいコードはたぶんこれだよね?」とサジェストしてくれて、日々その精度は上がっている）。

矢継ぎ早に、オフィス製品にも統合（インテグレーション）されるＡＩ機能が発表されたが、これもだいぶ前から周到に準備していたものだ。我々の部署はさほどＡＩに関係ない部署だが、OpenAIを使ったようなハッカソンが実施されたり、そういう機能を組み込むのが推奨されてきたからだ。

なにも「いけいけどんどん」で攻勢をかけているわけではなく、情報の流出リスクなどはきちんと計算に入れたうえで実装し、みんなが使えるサービスとして打ち出したことに正直驚いた。

このとき、世間に目を向けてみると、「ChatGPTスゲー!」という好意的な反応と、情報流出リスクがあるし人間の仕事の多くを奪いかねないので禁止すべきみたいな論調と、真っ二つに分かれていたように思う。

こうした破壊的なテクノロジーが出てきたときに私たちはどうすべきだろう?

それ以前の世界最大の技術革新は、インターネットだった。世界のどこからでもどこにでもつながるWebサービスは情報革命を起こし、コミュニケーションと産業の在り方を根底から変えた。出た当初は「あんなお遊びみたいなものが……」というのが当時の大企業の反応だったが、今やそれなしでは人類は生活できないほどのインフラになった。

もしも2000年頃にインターネットを「禁止」した国があったら、今頃どうなっていただろう? もうあらゆる産業分野が致命的に遅れて、世界から取り残されてしまっただろう。

今回のAIのレベルアップはそれと同等クラスかそれ以上の事件なので、今あまりピンとこなくても5年たったらどうなっているのか想像もできない。**ただ漠然と怖がったり嫌ったりして、「禁止」や「排除」をしてしまうほうがよっぽど危険**だ。

無論、ChatGPTは進化の途上にあるものなので、マイクロソフトの社員は、情報を入れるときは秘匿性の高くないユースケースに絞っているし、センシティブな情報を扱うときはクローズドな社内専用のものを使っている。そうやって要所を押さえたうえで、みんな**ＡＩテクノロジーをゴリゴリ使ってラクしているし、それを自分の開発するサービスに統合して生かそうとエンジョイしている**。

でもそこで、誰かが大きなミスをするかもしれないと思って、社内での使用を「禁止」したら、そこでイノベーションが生まれるチャンスは消えてしまうだろう。

忘れてはならない。新しいテクノロジーは思いつきで生まれるものではなく、日頃の地道なチャレンジの積み重ねに拠る。ＡＩの技術だって気の遠くなるような試行錯誤の上になりたっている。だから、もし皆さんが、「ＡＩを使って得をする」側にまわりたかったり、それを使って「新しい何かを生み出したい」と思ったら、日々使って、少しずつ経験を積むことだ。

今では私はほぼGoogle検索は使わず、BingのChatに頼るようになったし、高度な相談をしたいときや情報が古くても問題ない場合はGPT4を使い、日々のコーディングでは常にCopilotをオンにして支援を受け、自分がTeamsで送るメッセージやドキュメントは、ChatGPTにレビューしてもらっている。

ＡＩに頼る分野や範囲は今後もどんどん増えていくだろう。

AI時代には「専門性」こそが強みとなる

本書を読んでいるITエンジニアやその卵の方々は、何よりもこの職業に未来があるのかが一番気になっていることだろう。

今回のChatGPT騒動で私が確信したポイントの一つは、**時流に惑わされず「専門性」を追求する姿勢こそが一番強いのではないだろうか**、ということだった。

よくよく考えているうちに気づいたのだが、自分が書いているコードは少なくとも今のAIには絶対に生成できない。世の中に落ちているサンプルの数が皆無に等しいからだ。だから、クラウドのプラットフォームの中身というほぼ世間にコードが落ちていないようなものは、学習データが少なすぎてAIにはまともなサジェスチョンができない。逆にいえば、世間にたくさんコードが落ちているものは今後AIがコーディングできるようになる。ようは、**誰もやったことのないものに取り組んでいる専門家は、AIがとって代わることは原理的にあり得ない**。

よしんば将来的にAIが高度なソフトウェアをつくり出せるようになったとしても、用途や目的に応じた学習のためのAIモデル（データ解析の方法）は人がつくる必要があるし、

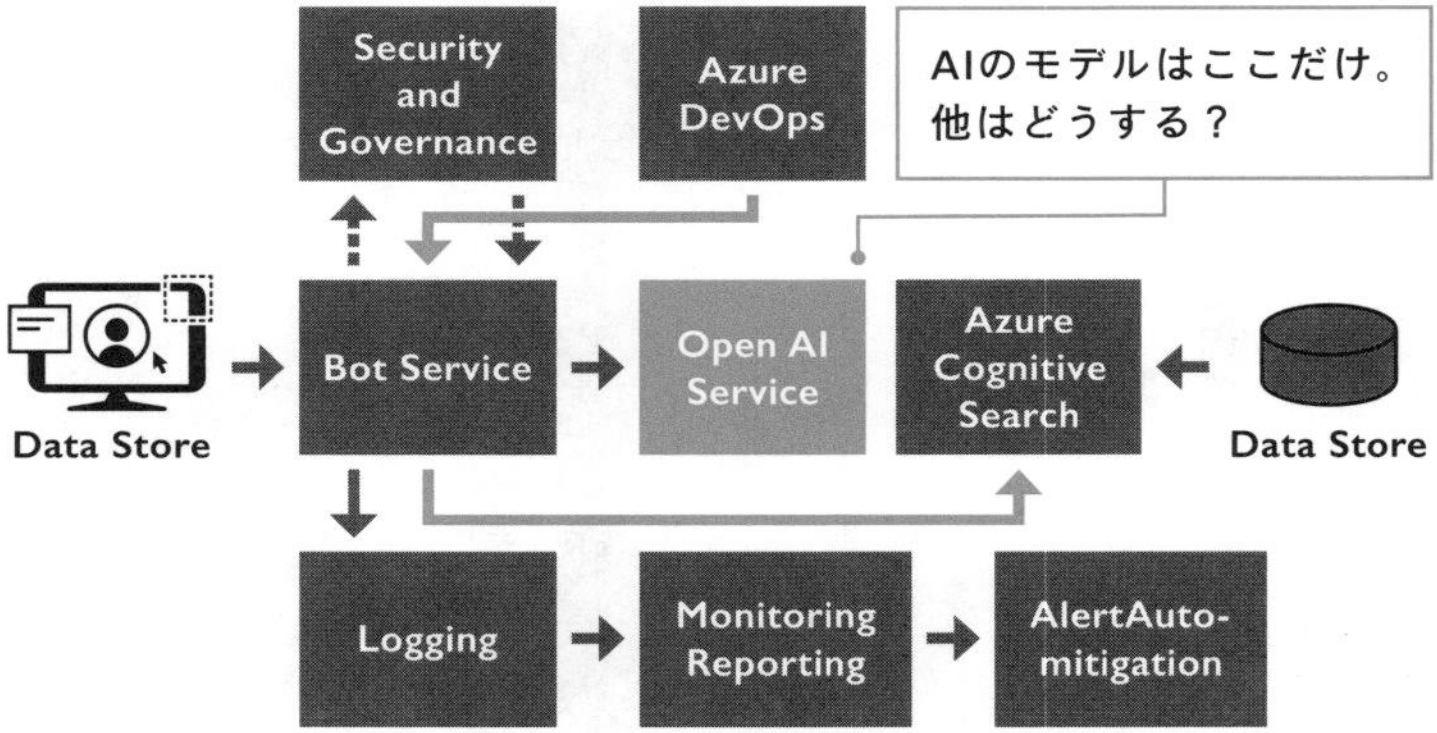

▲ Enterprise-grade conversational bot – Azure Architecture Center（Microsoft）をOpen AI Serviceの構成にした場合

図20　AIのモデル以外に実システムで必要になるもの

モデルを使って、求めるサービスにインテグレーション（統合）する仕事も不可欠だ。

あるいはＡＩがなにか最高のプログラムを書いてくれたとしても、現実的にそれをどうやって顧客に提供するか？　当然そこには人間の手によるインテグレーションが絶対に必要だ。

例えば、Chatのシステムをつくって、あるＡＩがつくったプログラムをバックエンドで使うとしたらどうか？　Chatのシステムは AＩが勝手につくってくれないし、たくさんのアクセスをさばくためのバックエンドの仕組みはどうやって構築するのか？　セキュリティはどう担保するのか？　これらをすべてソフトウェアエンジニアが担わなければ、実際に使えるサービスは生まれない。

いくらAIが席捲しようが、**今後もソフトウェアエンジニアは少なくともインテグレーションの主役であり続けるだろう**。AIの世界からイノベーティブなものをつくりたかったら、そこにはソフトウェアエンジニアの専門性が絶対に必要なのだ。

AIはコンピュータサイエンスの一分野で、AIの専門家とは、AIの分野のコンピュータサイエンスを学び、実践した人のことだ。つまり、AIもコンピュータの上で動くので、ソフトウェアエンジニアリングの一部門なのである。だからソフトウェアエンジニアとデータサイエンティストと呼ばれるAIの専門家は地続きで、彼らの協同が今後は重要になってくるだろう。ソフトウェアエンジニアにとって、AI分野に関する勉強がますます重要になってくることは言うまでもない。

かつてGAFAMは高い給料で、優秀なエンジニアの奪い合いをしていたが、おそらく、AIのジャイアントが台頭したら同じことが起こる。インテグレーションができる専門性のあるソフトウェアエンジニア、データサイエンスの専門家は、世界的に見ても今後取り合いになるだろう。

積み重ねたスキルによって、自らものを生み出すことのできる「専門性」には大きな価値と喜びがある。時流を見ていると、不安になるときがあるかもしれないが、専門性は必ず武器になる。

私のチームの人々を見まわしてみると、それぞれ高い専門性をもっているので誰も慌てていない。でも、Copilotを設定して使えるようにしたり、OpenAIの有料会員になったり、休み時間にマシンラーニングのビデオを勉強していたりする。次の変化に備えてしっかりとした土台を築きつつ、自分の専門性に磨きをかけているのだ。

日米のエンジニアを取り巻く文化の違い

ChatGPTの開発者が、どうやったらつくれたのか？　と聞かれて「7年間の研究の成果だ」と答えていたのが印象的だった。エンジニアリングは、小さな積み重ねで強くなっていくので、本当に新しいものを生み出したかったら、絶対的に時間がかかる世界だ。

だから、アメリカではみんな**「専門性を高める」という蓄積に価値が置かれ、スピードは思ったより重視されない**。結局は時間をかけて小さな努力を積み重ねるほうが圧倒的に良いものがつくれるのだから。

新しいテクノロジーが出たとき、実は一部の人が試したりするスピード感は日本人のほうが着手が早く、普段の開発も「納期絶対」だ。ではなぜ、エンジニアリングの世界では日本から革新的なサービスがなかなか生まれず、アメリカは世界のフロントランナーとして走り続けられるのだろうか。

私は長年この問題を考え続けてきたが、ここからは、とくにChatGPT出現以降、**日本にとって致命的な足かせになりかねない独特の「批判文化」**について検証したいと思う。少々耳が痛いであろう指摘もするが、日本のポテンシャルを開花させるためのエールだと思って読んで頂けたらと思う。

2020年の6月、コロナ禍の真っ只中で、日本で接触確認アプリCOCOAがリリースされた。これは、日本のソフトウェア開発の中でも画期的なチャレンジで、衝撃を受けた。接触確認アプリとは、スマートフォンのBluetooth機能を使って「一定の時間以上、スマホを持つ者同士が近くにいた」情報を個々の端末に記録するものだ。

もともとは、コロナ禍の惨状を見て、「自分が何か貢献できることはないか？」と考えて、アプリ開発者である日本マイクロソフトの廣瀬一海さんが個人で始めたものだ。会社の仕事とは一切関係なく、理念に共感した各国から集まった仲間のコミュニティで、オープンソースのプロジェクトとして進められていた。未曾有の危機をなんとかしようと善意でつくっていたものが、政府の目にとまって採用されたという経緯だ。

ところがリリース後に何が起きたかというと、プロジェクトに貢献したヒーローたちはボロカスに叩かれたのだ。

「iOS版で初回起動時にBluetoothへのアクセスを許可しないとアプリが再起動できない」仕様や、「アップルストアでプレビュー版の公開は原則禁止だが、厚労省はアプリをプレビュー版と説明した」ことを問題視したツイッター民たちが、「ド素人の開発」「大学生が開発した方がマシ」「プレビュー版と称した人体実験」などと罵詈雑言を連ねたのだ。

仕様のごく一部の瑕疵《かし》をことさらに腐《くさ》してアプリを全否定し、開発者たちの人格否定まですするツイートが大量に拡散された。

「デプロイ王子」名で知られる廣瀬さんのツイッターをみて、正直私は泣いた。

「短い間何とかリリース目標に向かって頑張ってきたのですが、この件でコミュニティはメンタルともに破綻しました」「5日前にAPI仕様変わろうと、実装変わろうと、何があっても完璧なものを作りあげろと言われ、へっぽこエンジニア烙印を押されるわけだ・・・ツライ」

よくよく考えてみてほしい。コロナなど誰も予想できなかった事態の中、こうした有志によるプロジェクトが始まった後でグーグルとアップルから共通仕様が発表され、それに応じた実装に変更しつつ、短期でリリースできたのは本当に驚異的なことだ。

アプリケーションはどんなに優秀なチームが開発しようが、必ず何かしらの不具合は存在する。ソフトウェアに瑕疵があるのは当たり前のことで、揚げ足をとろうとしたらいくらでもとれてしまう。様々な制約がある中であのレベルのものを出せたのは、最初のバージョンとして本当に素晴らしいと思う。

ネット上に様々な批判もあるが、政府の対応だって大きく評価できる。誰も体験したことのない状況下で、すべてを政府主導でコントロールするのは不可能だし、費用についても、おそらくは「前例がない」とかいう激しい抵抗勢力と戦って、予算をとり、無償配布にこぎつけている。

なのに、コロナ禍でのストレスからか、アプリの不具合を声高に批判するのみならず、開発者たちの人格否定レベルのことを平気で言っている著名人もいたことには、心底愕然とした。

このような展開は、アメリカではまず発生しない。

日本のSNSの寒々しい光景をみて、開発者たちはみな心が折れてしまったし、私もドン引きした。自分が額に汗して貢献したプロジェクトで大量の批判を浴びたらどんな気分になるだろう。私だったら二度とやらない。

世界から見たときに、こんな文化圏の国民を進んで助けにいこうと思う技術者たちがいるだろうか?

「批判」の文化がすべてをぶち壊しにする

昨今のマイナンバーカードの大混乱を見ていても、無論、政府側の落ち度は否めないし、進め方の強引さが国民感情を逆なでしていることは理解できるが、そもそも**どんなシステムにもバグはつきもので、改善していくしかない**ことはもっと理解されるべきだと思う。

本当は、台湾のオードリー・タンのようなガチのエンジニア出身者が音頭を取れたら一番理想なのだろうが、魑魅魍魎《ちみもうりょう》が跋扈《ばっこ》しまくる霞が関でデジタル庁はよく頑張っているほうだと思う。日本で大規模システムを組もうと思ったら、あまり技術力はないが他に依頼できるところがないので大手SIerに発注せざるを得ないという事情もある。だから、そんなに失敗は気にせず、国民の利便性を高めるという本来の目的を見失わないで、誠実に改良を重ねていけばよいと思う。

日本では「責任の所在」や「完璧」を過剰に求める文化があるが、これがソフトウェアの開発に関しては少しも良いようには働かない。むしろ足を引っ張っている。

残念ながら日本のソフトウェア業界は世界の中で周回遅れの状況だが、私の観察範囲ではエンジニアの個人の資質の問題ではない。私がこれまでに見たもっとも優れたエンジニアの幾人かは、日本にいるときに出会った人々だ。

では何が問題なのか？　単刀直入にいうと、その非常に大きいファクターが「開発者の心を砕いてしまう」批判文化だ。

社内でも世間においても、日本では、少しでも何か失敗すると批判され、責任の所在を追及されて、罰を受ける。それがたとえ、国のために頑張ってくれたようなヒーローであっても、いいところが9あって、問題が1であっても、1をクローズアップして批判される。

この異常な完璧主義、先陣を切って何かにトライする人に対する嫉妬にも似た口さがない批判、冷笑、中傷が、新しいことへのチャレンジ精神を根本的に奪い続けてきた。イノベーションを生めるはずの土壌を蝕み続けてきた。

多くの人は、働く動機として、お金も欲しいかもしれないが、人からの感謝だったり、人の役に立っている実感が欲しいものだ。そんな中で、尽力してきた仕事が一面的な見方で雑に批判されたり、ましてや人格否定までされては、まったくやる気が起きないだろう。

一方、アメリカには「コントリビュート」する文化がある。Contributeとは「貢献する」

という意味だが、人に何かを期待するのではなく、**まず「自分がどういう貢献ができるか?」という公共性をベースに考える**。だから、人がちょっとでも自分に何かしてくれたら「ありがとう」という気持ちが生まれ、感謝を表明する。

例えばエンジニアなら、あるアプリがリリースされて、それがよりよくなってほしかったら「自分ならどう貢献できるか?」を考えて、実行する。「こういう場面でこういう問題が起こりました」と定型のフォームにしたがって報告したり、問題のある部分のソースコードを修正して送ってあげたりする。自分が動かないのであれば、よくならなくても仕方がない、あくまで「自分次第」という感覚がある。

片や日本では、「人がこのぐらいやって当然」「専門家なら完璧な仕事をして当たり前」という風土がある。ユーザーは〝お客様〟でお客様は〝神様〟なのだ。消費者がモンスター化し、ささいな瑕疵やミスに対して切れ、過剰なクレーム、理不尽な要求をするカスタマー・ハラスメントが起こりやすい潜在的な土壌がある。

ユーザーの厳しい要求水準は、ジャンルによってはプラスに働く面もあるかもしれないが、「自分次第」の文化圏のほうが人間関係のストレスは圧倒的に少ないし、生産性が高い。現場のモチベーションを砕くような批判文化は、社会全体の生産性と活力を奪い、結局は自分で自分の首を絞めるような行為だと思わざるを得ない。

失敗しても現場の心が砕かれない文化的素地は非常に重要だ。

ソフトウェア開発というイノベーティブな分野は歴史が浅く、毎週のようにバージョンアップされたり、変更されたりするものなので、計画や予見が非常に難しい。そして大変複雑なもので、一人の人がすべてをコントロールして把握できる代物でもない。専門家でも「一部分」の知識しかもっていないので、チームで協力しあって開発を進めるものだ。しつこいようだが、「完璧な人はいない」「物理的に無理なものは無理」という前提を社会の側が受け入れることが肝心なのだ。

コントリビュートと感謝のループ

世界規模のクラウドのシステムの現場においても、リリースして、なにか不具合があったからといって批判にさらされることは一切ない。Azure Functionsのような複雑なシステムでなくとも、社内で日常的に使う業務用システムが落ちたときでさえ、開発者は「あー、今日は仕事にならねぇなぁ、どっか遊びに行くか」とつぶやくくらいのノリで、誰も責めたりしない。

フィードバックはほぼすべて「つくってくれてありがとう」「助かった！」といったポジ

ティブな言葉ばかりだ。なにか不具合があれば、問題をGitHubというサイトにポストしてもらえて、批判は一切なく、そこで建設的にどう改善したらいいかというディスカッションが行われる。「こうしたら上手くいかなかった」「ここに問題が発生した」といったレポートが集約されることで、開発者も優先順位をつけてその修正に取り組み、アプリを改善してゆく。

不完全で、いろいろなレベルの知識を持った人が集まっている状態で、どうやったら無理なくよりよくできるかが常に考えられているので、現実的にソフトウエアのレベルがどんどん向上していく。失敗からは批判ではなく「フィードバック」が生まれるのだ。

アプリは不具合があるのは当然という考えがシェアされているので、報告したほうも、されたほうも「ありがとう」という感覚を持っている。仕事中は感謝しかされないし、つくった人もみんなに「よくやったね」と感謝されるから、よくしていこう！　とやる気になる。結果としてよりユーザーの求めているものがつくられていくという好循環のサイクルが回りだす。

一方日本では、社内ディスカッションを見ると、「誰に責任がある」とか「こうすべきだった」とか「品質が悪い」とか文句とダメ出しのオンパレードだ。それは困難な状況に立ち向かった人に対して、椅子にふんぞり返っているだけの人がやっていることだ。本人は

ありがとう！
助かった！
ここがこう
なるともっと
便利かも！
好循環
もっと
よくしよう！

図21　ポジティブフィードバックの効用

それをマネジメントと思い込み良かれと思ってやっているが、「責任の追及」や「批判」によっていったい世の中の何が前進するというのだろう。

それよりも、**「今からどうやったらよくできるのか」「自分は何をしたら貢献できるだろう」**と考えると、それぞれの立場で「今なすべきこと」が見えてくる。日本は、現場が現実的にできるかどうかよりも、できもしない完璧主義とメンツが重視される。精神論で発破をかけ、納期厳守で徹夜でやらせるような〝管理〟は、グローバル基準でいったらプロのマネジメントではない。

完璧主義から生まれる批判や責任追及で心を折られた日本の技術者は、恐らく「二度とこんな貢献はしない」と思うだろうし、そんな文化圏からは離脱するかもしれない。同じことをして、もっといい給料がもらえて、みんなに感謝されるとしたら、パッションも実力もある人から先に日本を去っていくのは当然のことではないだろうか。

SNSを鬱憤ばらしに使うのではなく、我々にできる「小さな貢献」を考えてみたい。**素敵なアプリを見つけたら、つくってくれた人に対する感謝を発信してみよう**。そういう声がいくつかでもあると、ネガティブな批判者から受け取る痛みが軽減されるし、より生産的になれるものだ。

私が世界規模のクラウドの開発に参加した当初は、正直ちびりそうだった。なにか失敗したら世界中のシステムが止まるかもしれず、バッシングされてとんでもないことになると。ところが現実は、「人間は失敗するもの」むしろ「やってくれてありがとう」と感謝される日々で、すごく楽しく仕事ができている。

だからアメリカは、ソフトウエア技術者になりたい人が多く生まれ、各国から優秀な人材が集まってくる。多様な人々が、楽しいからキャリアを続けていけて、だからこそいろいろな革新的サービスが次々と生まれるのだ。

日本の未来を考えたとき、開発者たちのモチベーションを高める社会環境にしたほうが、仕事や生活が快適になるソフトウェアもどんどん増えて、社会はより気持ちのよい場所になっていくだろう。

もっといえば、**開発者に限らず、日本のあらゆる業界・業種において、批判ではなくポジティブフィードバックで現場の心が満たされるような好循環が生まれたら、間違いなく日本の生産性は抜本的に変わるだろう**。

日本再生への道すじ

かつて90年代に、まつもとゆきひろ氏の手によって日本から生まれた「Ruby」は画期的なプログラミング言語で、今なお世界中で使われている。なぜその後ソフトウェアの世界において、日本から際立った成果が出ていないのだろうか？　もっといえば、90年代末には世界に先駆けｉモードのような画期的なサービスが生まれていたのに、なぜiPhoneにはなれなかったのだろうか。

私見を記すと、ｉモードの頃、日本製の携帯は、各社勢いがあって、ミュージックプレーヤーにＴＶチューナーまでついている機種もあり、海外のものは見劣りしていた。だが、「ソフトウェア」自体はおまけだった。ハードが圧倒的に強かったから、キャリアとしての呪縛から逃れられなかったのかもしれない。

ところが、iPhoneは「ソフトウェア勝負」に徹し、かつ洗練されたデザインといくらでもアップデートができるエコシステムで、今の姿になった。**日本の産業はやはり根本的に「ソフトウェア」を甘く見てきたのではないだろうか。**

私が某大手SIerに入社した1994年頃は、社内でも技術に優れた人がいて実際に自分でコードを書いていた人が多かった。ところがJavaというプログラミング言語が出てきて、大手が技術からプロジェクトマネジメントに軸足を移したあたりから、おかしなことになっていった。Javaでソフトウェアの設計の世界ががらりと変わったのに、多くの企業ではCOBOLのやり方を踏襲したようなやり方を続け、顧客から直接受注する大手SIerのソフトウェア技術力がどんどん低下していったのだ。

さらに、大企業の優秀なエンジニアたちは、「できない」エンジニアを育てるのではなく、そういう人でもプログラムが組める方向を目指したため、「オレオレフレームワーク」みたいなものまで湧き出てきた。それは、コンピュータサイエンスを学んだ人やプログラミングの基礎を知っている人からすると、無用の長物だった。

その結果どうなったか？

個別にみれば、日本でも世界に通用するレベルの素晴らしいエンジニアはたくさんいるが、平均レベルでいうと、今やヨーロッパと比べても低い。とくに大手の低迷感が否めない。その**大きな理由は「自分でやらないから」**だと思う。

私は新技術導入のハッカソンのイベントを世界中でしてきたが、他の国の人が全員自ら手を動かしてコードを書くのに、日本だけ、ハッカソンなのにコードを書けない人が多かったのにはショックを受けた。何十カ国もの人が集まる中、「自分でやらない」ところは本当に日本ぐらいだった。

無論、大手の中にも優秀なエンジニアはいるが、多くの企業内で「力」をもつのは政治がうまい人たちなのだ。実際に手を動かしてものをつくれるエンジニアたちは、社内での扱いが低く、低い給料に留め置かれている。**「プログラミング」を低レベルの人がやることと見なして外注し始めたことが、日本の大手SIer衰退の分岐点となってしまった**。

経営的な視点で見たとき、「マネジメント職」というのは多くの人を動かしてレバレッジを利かせることができるので、投資対効果が大きく、すごく仕事ができるように見えるかもしれないが、実際つくるのは手を動かす技術者だ。ノウハウの蓄積も最新の知見も前線のエンジニアたちの頭脳に集まる。海外のテック大手のCEOがみんな技術畑出身なのは、そういう現場的な鼻が利くことが意思決定に有効に働くことが増えているからに他ならない。

安く「下請け」企業に丸投げする「中抜き」ビジネスのうまみを知ってから、日本の大手企業の技術力は坂を転がるように衰退していった。ＩＴに限らず、多くの産業で同様の構造が見受けられる。

マイクロソフトでは、プログラミング、設計、運用の全部を自社内でやる。一部をパートナーの会社にお願いすることもあるが、あくまで外注するのは、自分たちで苦労して全部取り組んだ後の話であり、パートナー企業とは一緒に並走する姿勢だ。技術者を大切にし、自社で川上から川下まで開発・運用できることが圧倒的な強みになっている。

日本の産業は、この失われた30年において「ソフトウエア」を軽視しているうちに、ありとあらゆる製品にソフトウエアが必要な時代になり、すっかり国際的な競争力を失ってしまったというのが実情ではないだろうか。

ＡＩが日進月歩で進化を遂げる時代、今日本が早急にやるべきは、**「自らの手で一流のソフトウェアを開発する力」を付ける**こと。そして、**失敗しながらでも「世界の市場に挑戦する」**こと。

その第一歩となるのが、技術軽視の風潮をあらため、**ソフトウェアの技術者を専門家として大切に扱い、彼らが働きやすい職場環境へと刷新していくこと**だろう。今後取り合いになる優れたエンジニア（インテグレーションができる専門性のあるソフトウェアエンジニア、データサイエンスのＡＩ専門家）を惹きつけて、獲得する必要があるのだ。

例えばアメリカではPh.Dの人は非常に重宝されるが、日本だと煙たがられて就職先に苦慮したりする。博士号をもった人間がとんでもない安月給に甘んじていたりする。そうした専門家の扱いがあまりにもひどすぎるので、優秀な人は海外に出て行ってしまうし、海外の高スキルな技術者もわざわざ日本で働きたいとは思わないだろう。

現代的なイノベーションは「素人」が何人集まっても生まれない。そこには技術による裏打ちやクリエイティブジャンプが絶対に必要で、それなくして、革新的なサービス、製品は生まれようがない。だから会社組織の中心が、「政治的な人」から「実際に手を動かす人」へシフトするのが、この先日本企業が再生していくうえで喫緊の課題ではないだろうか。

自分の人生は自分でコントロールする

これまで、私が日本の企業向けに、米国流の開発システムやマインドセットの導入をすすめると、よくこんな反応が返ってきた。

「契約や商習慣の問題があり、導入できない」「会社のルールで定められているので弊社では無理」「要員のスキルレベルが対応できないからうちでは無理」「経営層や上司がわかってくれないから無理」等々。

だがこれらの理由はすべて、言っている本人以外の外的要因をあげつらうばかりで、自分はどうするのかという話になっていない。これらの考え方は、「私以外のものに、自分の人生をコントロールされている」という考え方だ。

しかし本当にあなたがそれをやりたいと思ったら、全部がそのままの形でなくとも、できることから自分で変えて、工夫してやればいいのだ。なぜ、できない言い訳を「他の人」に求めるのだろう?

自分の人生が、自分で決められないと思っている人があまりにも多い。「会社のルールで決まっているからできない」なら、会社のルールを変えるように動けばいいだけの話だし、どうしても嫌なら、会社を辞めればいい。今の会社で活路を見いだせないなら、起業したっていいし、海外の会社に行ったっていい。厳しい言い方をすれば、面倒臭いことをするパワーがないから「自分でやらないことを選択」しているだけなのだ。

海外チームにいて感じる日本の会社との一番大きな違いは、「不幸そうな人がいない」ということだ。みんな楽しそうに、人生と仕事をエンジョイしている。**どうやったら自分の人生が幸せになるかを主体的に考えて、仕事の仕方を「選択」している**。

もし仕事が面白くない、つらいのに「我慢」しているとしたら、そんな我慢はこの本との出会いを機に、綺麗さっぱり捨ててしまえばいい。

何を隠そう私自身、30代の後半まで日本的な我慢のマインドが染みついていた。だが、ソニックガーデンの倉貫義人さんとの出会いが私の価値観を一変させた。

彼はまわりが、「アジャイルでどうやったら請負契約が……」「部長が……」「商習慣が……」とか言っているあいだに、さっさと自分で会社を立ち上げて、理想の環境をつくってしまった。彼の思考回路はストレートでシンプルだ。そして、実際に行動に移している。「自分で選択して実行する」素晴らしさを彼から学んだ。

同時期、私はコンサルティングの会社を経営していたが、周りの経営者を見ていると、お金をがっつり儲けていても、なぜか全く幸せそうじゃない人が多かった。いつも忙しくて、しんどそうだった。お金儲けや成功と幸せに相関関係はないんだ――そう気づいてからは、**常に自分が幸せになる方向に人生の選択をする決意をした**。

決めたポリシーはただ一つ、「自分がやりたくないことは一切やらないし、嫌になったらいつでもやめていい」。そう考えて行動するようになってからは、私の選択は常に「自分が好きだからする」になった。自分の人生において、他人にやらされることは一切なくなったのだ。

もちろん、うまくいかないことや失敗もあるが、自分が幸せだと思う方向に常に舵を切る選択を続けていくと、ちょっとずつそちらに近づくものだ。そうやって私は現在の職場に至ってすごく幸せを感じているし、仮にこの今のポジションがなくなったとしても幸福だと思う。

なぜなら、お金や立場ではなく、私の人生をコントロールできるのは私だけで、幸せになるために自分でベストな選択をしてきたという確信があるからだ。


最後に皆さんに伝えたいのは、**「自分の人生や幸せに責任をもって、自分でコントロールする」**というマインドセットの素晴らしさだ。

それは生産性のみならず、どう働き、どう生きるかと深くかかわっている。

「会社で決まっているから」「上司がこう言っているから」と思考停止になり、自分への制約事項にしてしまえば、いろいろなものが歪みだす。商習慣が違うので無理と思えば、本書のメッセージは日々の忙しさの中で忘却してしまうだろうし、偉い人が「ダメ」と言ったからと諦めたら、一瞬で終わり。

でも、自分で考えて、自分でチョイスをする人が増えていけば、その状況はきっと変えられる。

私の人生は私のもの――。働き方は自分で決めて、もっと楽しもう。

自らの手で選択して、幸福になろう。

本書がその一助になれば嬉しく思う。

あとがき

本書は、私のnoteやブログを読んだ文藝春秋の山本浩貴さんからお声がけいただいて始まったプロジェクトだ。海外で経験している「幸せを感じられるような働き方」が日本でもっと広まってほしい、「仕事を楽しい」と思える人が一人でも多く増えてほしい、そんな思いからこの企画を引き受けることにした。

私はたまたまラッキーなことに、夢だった環境で、素晴らしい同僚たちに囲まれ、自分のやりたい仕事ができている。エンジニアとして本を書くうえで、一つ利点があったとしたら、もともと日本でソフトウェア開発のコンサルタントとして仕事をしていたから、様々なタイプの会社組織や、新しい開発スタイルを導入するさいの問題点についてリアルに把握していたことだろう。

インターナショナルチームのノウハウを紹介するにとどまらず、日本の会社の実情をふまえて、なぜそうしなければならないのか、いかに実践するかをお伝えしてきたつもりだ。

もしも、ここに書かれた方法論の数々に「圧倒」されてしまった人がいるとしたら、最後にこれだけは伝えたい。本書の仕事術は、あれもこれもやるという足し算というよりは、むしろ「○○をやめる」――身を軽くすることに真髄がある。

「脳の酷使をやめる」「準備や持ち帰りをやめる」「マルチタスクをやめる」「情報の詰め込みすぎをやめる」「管理をやめる」「批判や否定をやめる」……。

そうやって**仕事の枷《かせ》となるものを一つひとつ荷下ろししていったときに、驚くほど脳にスペースが生まれ、心身は楽になって、仕事は飛躍する。**

そんな体験が日本でもどんどん広がって、「楽しい働き方」「生産性のよい働き方」がカルチャーとして根づいてほしいと心から願っている。

正直いって、日本は住むには最高の場所だ。世界的に見ればすごく治安がいいし、飯のうまさは抜群だし、医療費は安いし、交通の利便性は高く、近くで暴動が起こったりもしない。ただ、日本では「働くこと」だけがあまり幸せとは言えない。みんな顔をしかめてじっと長時間耐えている――働くことがもたらす大きなストレスに。

インターナショナルチームで学んだことは、目からウロコの連続で、日本で働いてきたときには感じたことのない快適な体験だった。その、人に優しく生産的な職場環境は、メンバーたちのマインドセットだったり、会社のチームビルディングの仕組みだったり、文化的背景だったり、種々の要素が響き合って形づくられている。

そのどれをとっても日本人にとって真似できないものは一つもない。日本の職場が「幸せ」な場へと生まれ変わり、日本人の繊細な感性や粘り強い探究心と融合したら、日本の技術力は再び世界で大きな存在感を示すと、私は信じている。

最後に、本書にも登場してくれた我がAzure Functionsチームのメンバーたちに心からお礼を言いたい。いつも助けてくれてありがとう。今自分が夢の中にいられるのは、みんなのおかげだ。いつもたくさんの気づきをくれるメンターのクリスにも感謝を捧げたい。最後に編集の山本さん、私のとっ散らかった文章を伝わりやすく整理して本の形に結実させてくれて、本当にありがとう。

皆さんがもっと幸せになれますように。

牛尾　剛

牛尾剛（うしお・つよし）

1971年、大阪府生まれ。米マイクロソフトAzure Functionsプロダクトチーム シニアソフトウェアエンジニア。シアトル在住。関西大学卒業後、大手SIerでITエンジニアとなり、2009年に独立。アジャイル、 DevOpsのコンサルタントとして数多くのコンサルティングや講演を手掛けてきた。2015年、米国マイクロソフトに入社。エバンジェリストとしての活躍を経て、2019年より米国本社でAzure Functionsの開発に従事する。著書に『ITエンジニアのゼロから始める英語勉強法』などがある。ソフトウェア開発の最前線での学びを伝えるnoteが人気を博す。

イラスト・docco
デザイン・古屋郁美
構成・山本浩貴

初出：note（2020年8月～2023年7月）、「メソッド屋のブログ」（2017年1月～2020年6月）より構成。
単行本化にあたり、大幅な加筆・修正を行っている。

世界一流《せかいいちりゅう》エンジニアの思考法《しこうほう》

2023年10月30日　第1刷発行
2024年 8 月20日　第12刷発行

著　者　牛尾剛《うしおつよし》

発行者　小田慶郎

発行所　株式会社文藝春秋
東京都千代田区紀尾井町3-23
郵便番号　102-8008
電話　(03) 3265-1211（大代表）

DTP　エヴリ・シンク

印刷所
製本所　光邦

ISBN978-4-16-391768-9　Printed in Japan